中国建筑金属结构协会标准

建筑市场主体信用评价标准

Standard for credit rating of construction market subject

TG/CCMSA 002 - 2016

批准单位：中华人民共和国住房和城乡建设部
主编单位：本标准编写委员会
发布单位：中国建筑金属结构协会
施行日期：2016 年 10 月 1 日

中国财经出版传媒集团
中国财政经济出版社
2016 年北京

图书在版编目（CIP）数据

建筑市场主体信用评价标准：中国建筑金属结构协会标准/《建筑市场主体信用评价标准》标准编写委员会编写．—北京：中国财政经济出版社，2016.8

ISBN 978-7-5095-6937-5

Ⅰ.①建… Ⅱ.①建… Ⅲ.①建筑业-企业信用-评价标准-中国 Ⅳ.①F426.9-65

中国版本图书馆CIP数据核字（2016）第198123号

中国建筑金属结构协会标准

建筑市场主体信用评价标准

TG/CCMSA 002-2016

*

中国财政经济出版社出版

URL：http：//www.cfeph.cn

E-mail：cfeph@cfeph.cn

社址：北京市海淀区阜成路甲28号 邮政编码：100142

发行处电话：88190406 财经书店电话：64033436 84041336

北京中兴印刷有限公司印刷 各地新华书店经销

889×1194毫米 16开 6.75印张 176 000字

2016年11月第1版 2016年11月北京第1次印刷

定价：78.00元

ISBN 978-7-5095-6937-5/F·5560

（图书出现印装问题，本社负责调换）

本社质量投诉电话：010-88190744

打击盗版举报热线：010-88190492、QQ：634579818

前　　言

根据住房和城乡建设部《关于印发〈2010年工程建设标准规范制定、修订计划〉的通知》（建标［2010］43号文件）要求，由住房和城乡建设部组织有关单位编制完成了《建筑市场主体信用评价标准》。为适应国家标准化制度改革，本国家建设工程标准改为团体标准发布。

本标准根据建筑市场信用和信用管理的特点，依据我国现行法律法规对建筑市场主体的有关要求，从履约能力和履约效果两个角度建立了六个主要评价指标，包括基础指标、技术能力指标、经济能力指标、管理能力指标、信用记录指标、履行社会责任和义务指标。每个主要评价指标又由二级指标和三级指标组成，并确定了每个具体指标的分值和评分标准。

本标准适用于各级建设行政主管部门对有关市场主体进行信用管理，是建筑市场动态监管的有效工具和手段。

本标准由中国建筑金属结构协会负责管理，由同济大学负责具体技术内容的解释。在执行过程中，如有意见和建议，请寄送同济大学（地址：上海市四平路1239号同济大学管理与经济学院，邮编：200092）。

本标准主参编单位及主要起草人员、审查人员如下：

主编单位：同济大学
华太建设集团有限公司

参编单位：中国对外承包工程商会建筑业分会
天津大学
清华大学
重庆交通大学
北京建筑大学
上海同济工程咨询有限公司
上海市装饰装修行业协会
中国石油集团工程设计有限责任公司
北京市建设工程交易中心
中冶天工上海十三冶建设有限公司
宁波市建设委员会
浙江海滨建设集团有限公司
北京米兰之窗节能建材有限公司
河南诚建投资担保有限公司
厚德建信（北京）征信有限公司

主要起草人员：缪长江　孙继德　王良财　颜可琴　曹香富　王雪青　杨卫东
忻国梁　王震林　贺　铭　王学军　何佰洲　汪诚文　杨智慧
杨秋波　倪　炜　徐冠明　胡庆红　王志刚　薛德兴　白红磊
刁洁雨　史汉星　白俊锋　陈　健

主要审查人员：顾泰昌　马清华　张　颖　焦永达　林之毅　张玉玲
张秀东　陆　鑫　白宝萍

目　　次

Contents

1 总 则

1.0.1 为推动和加强建筑市场主体信用管理，建立公正、公平的建设市场环境，特制定本标准。

1.0.2 本标准适用于建筑市场主体信用评价中专业信用评级机构对建筑市场主体的信用评价，以及建筑市场主体信用评价中有关主体对交易对方的考察和评价。

1.0.3 建筑市场主体信用评价应客观、公正和公平。

1.0.4 建筑市场主体信用评价除应符合本标准外，尚应符合国家现行有关标准的规定。

2 术 语

2.0.1 建筑市场主体 construction market subject——建筑法

在建筑生产活动中，按照我国建筑市场管理的有关规定，依法参与建设工程的投资、勘察、设计、施工图审查、招标代理、施工、工程监理、造价咨询、建筑制品与构配件生产、工程担保等活动的企业。

2.0.2 信用 credit——与其他文件一致

参与社会和经济活动的当事人之间建立起来的以诚实守信为道德基础的履约行为。信用以主体的诚实、守信为基础，以其履约记录和能力为关键。

2.0.3 信用等级 credit rate

反映信用风险程度的度量指标。

2.0.4 信用评价 credit rating

对各类建筑市场主体进行信用风险评价（评估），并用专用的符号表示其信用等级的活动。

2.0.5 专业信用评级机构 specialized credit rating agency

具备专业技术人员和相关条件，能够合法提供信用评价服务的机构。

2.0.6 信用管理 credit management

防范、控制和转移信用风险的管理技术、业务操作和相关的制度安排。

2.0.7 守信 credibility

信用主体按照约定履行承诺的行为。

3 基 本 规 定

3.1 评价对象

3.1.1 建筑市场主体信用评价对象包括勘察单位、设计单位、施工图审查单位、工程招标代理单位、施工单位、工程监理单位、造价咨询单位、建筑制品与构配件生产单位、工程担保机构、建设单位等市场主体。

3.1.2 评价对象的基本信息应包括企业名称、法定代表人姓名、企业住所、注册资本、经营范围、税务登记证号和组织机构代码等。

3.2 评价程序

3.2.1 评级机构应符合国家相关法律法规规定，并经有关管理部门备案后方能开展信用评价活动。

3.2.2 信用评价程序见图1，应符合下列规定：

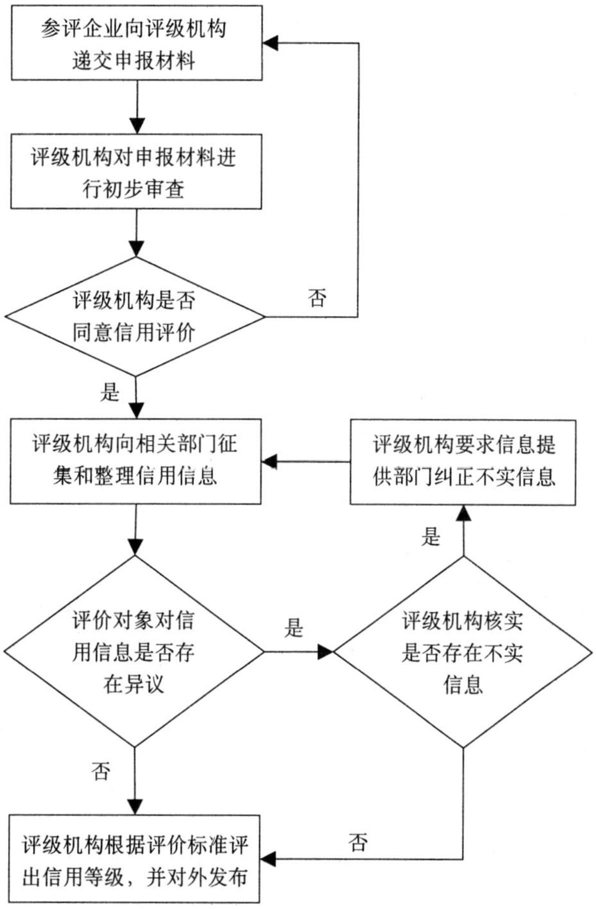

图1 建筑市场主体信用评价程序

（1）参评企业提出申请，并按评级机构提出的要求提供申报材料。

（2）评级机构初步审查材料，并作出是否同意进行信用评价的决定。

（3）评级机构根据申请企业提供的信息，到申请企业和其相关交易对方、有关政府部门和其他机构调查，搜集信息，按本标准确定的指标和评分标准进行评价，评出信用等级。

（4）评价对象对信用信息有异议的，评级机构应该负责查询和说明；确有问题的，评级机构应该告知该信息的提供部门和单位，并予以纠正。

（5）评级机构发布评价报告。

3.2.3 评级机构应成立评价小组，评价小组的人员应该包括技术、经济、管理和法规等方面的人员，知识和经验结构全面、合理。

3.2.4 有关部门和单位，应为评级机构采集和使用评价对象的信用信息提供便利，并应遵循客观、公正、完整的原则。提供信息的部门和单位应对所提供信息的真实性负责。

3.2.5 评级机构应对采集、加工、储存和传输评价对象的信用信息保密。

3.2.6 评价对象的正面信用信息可长期储存和利用，负面信息储存和利用期限最长为5年。超过储存期限的信息应及时删除和销毁。

3.2.7 评级机构不得向评价对象公开信息来源。

3.2.8 评价对象应提供真实资料并对其负责。

3.2.9 评价报告应包括评价对象的基本信息、信用评价等级、意见和建议等。有资质规定的，还应包括资质及其等级等信息。

3.3 评价指标

3.3.1 建筑市场主体的信用评价应包括下列一级指标：

（1）基础指标。

（2）技术能力指标。

（3）经济能力指标。

（4）管理能力指标。

（5）信用记录指标。

（6）履行社会责任和义务指标。

3.3.2 建筑市场主体的信用评价结果用百分制表示，每个一级指标的评价结果也采用百分制表示。在按百分制汇总六个一级指标的评分时，其权重设计应与行业特点相适应。

3.4 信用等级

3.4.1 建筑市场主体的信用评价结果应按10级划分，并应符合表1的规定。

3.4.2 信用评价结果有效期最多应为三年。

表1 信用等级

信用等级	分值（S）区间	含 义
AAA	$S \geq 95$	履约能力很强、信誉很好、信用风险很小
AA	$90 \leq S < 95$	履约能力强、信誉好、信用风险小
A	$85 \leq S < 90$	履约能力较强、信誉较好、信用风险较小
BBB	$80 \leq S < 85$	履约能力中等偏优、信誉中等偏优、信用风险中等偏小
BB	$75 \leq S < 80$	履约能力中等、信誉中等、信用风险中等
B	$70 \leq S < 75$	履约能力中等偏下、信誉中等偏下、信用风险中等偏下
CCC	$65 \leq S < 70$	履约能力较弱、信誉一般、信用风险较大
CC	$60 \leq S < 65$	履约能力弱、信誉偏差、信用风险大
C	$55 \leq S < 60$	履约能力很弱、信誉差、信用风险很大
D	$S < 55$	信用风险极大

4 勘察单位信用评价

4.1 一般规定

4.1.1 本章评价标准（见表2）适用于具有勘察资质的单位。

4.1.2 凡有累计计分的，累计分不得超过该项的最高分值。

4.1.3 凡涉及累计计分的，累计年限均为近三年。

4.1.4 一级指标每项满分100分，计算总分时各一级指标的权重分别为：基础指标10%，技术能力指标15%；经济能力指标10%；管理能力指标25%；信用记录指标35%；履行社会责任和义务情况指标5%。

4.1.5 被评价企业出现以下情况取消评价资格或直接评为D级：

（1）因勘察成果质量问题带来施工中发生特大质量安全责任事故。

（2）勘察中勘察单位发生特大安全责任事故。

4.2 基础指标

4.2.1 “企业规模”指标包括注册资金、工程勘察业务收入和企业总产值等三级指标。“企业规模”中工程勘察业务收入和总产值取近三年平均值。

4.2.2 “人力资源”指标包括企业技术、经营和管理人员占从业人员比例，注册岩土工程师、测绘工程师与其他注册执业工程师比例，人员人均年产值等三级指标。

4.2.3 “经营年限”应从取得第一项勘察资质时起算。

4.3 技术能力指标

4.3.1 “科技能力”指标包括企业设立专门技术和管理研发机构，年度研发经费投入，员工培训及继续教育经费投入，企业或在编员工获得国家、省/部级科技奖项奖励类型，主编或参编国家、行业、地方标准，课题研究项目数等三级指标。

4.3.2 “专业技术人员”指标是指企业管理、技术和经营人员在企业总人员中的比例，包括学历指标、职称指标等三级指标。

4.3.3 “设备及装备能力”指标反映企业的机械勘察能力和工作设施设备条件，其设备及装备均应是企业自有、自用的设备及装备。

4.4 经济能力指标

4.4.1 “企业经济实力”指标应包括企业总资产、净资产等三级指标。

4.4.2 “盈利能力”指标应包括主营业务收入利润、净资产收益率等三级指标。

4.4.3 “偿债能力”指标应包括资产负债率、流动比率等三级指标。

4.4.4 “发展能力”指标应包括近三年勘察收入平均增长率、近三年利润总额平均增长率、上一年度新签勘察合同总额增长率等三级指标。

4.5 管理能力指标

4.5.1 管理能力指标应包括高层管理者素养、管理制度建设、管理方法和手段等三级指标。

4.5.2 “高层管理者素养”指标应包括企业负责人综合素质，企业技术负责人综合素质，企业高管团队综合素质等。

4.5.3 “管理制度建设”指标应包括企业管理制度健全、完善，是否通过质量管理体系认证，是否通过环境管理体系认证，是否通过职业健康安全管理体系认证等。

4.5.4 “管理方法和手段”指标应包括利用互联网和信息系统开展生产管理等情况，其他现代管理方法和手段的利用情况等。

4.6 信用记录指标

4.6.1 信用记录指标应包括客户评价记录、行业获奖记录、建设主管部门处罚记录、社会保障记录和其他信用记录等。

4.6.2 “客户评价记录”指标应包括勘察人员的到位情况和职业能力等方面，以及过程管理的水平和效果，合同履行的结果，售后服务及回访记录等。评价单位应建立专门的客户评价实施细则，在客户调研的基础上综合得出相关指标结果。

4.6.3 “行业获奖记录”指标应是近三年获得的省部级及以上的奖项或表彰。

4.6.4 “建设主管部门处罚记录”指标应包括企业资质方面、建筑市场、质量安全等方面的不良记录，省、市级建设行政主管部门的行政处罚，执业资格人员不良记录等。企业各类不良记录，应以近三年情况为考评依据。

4.6.5 “社会保障记录”指标应包括非法用工投诉记录，克扣和无故拖欠劳动者工资投诉记录，拖欠社会保险费不良记录，不重视职业病防治工作和保障义务等记录。

4.6.6 “其他信用记录”指标可包括金融机构不良信用记录，民事和行政诉讼或仲裁的败诉记录，其他行政管理部门给予处罚的记录，政党、社会团体提出的不良记录，刑事犯罪记录。

表2 勘察单位信用评价标准

一级指标	二级指标	三级指标	分值（S）	评价标准	得分
基础指标（1）	企业规模（1－1）	注册资金（1－1－1）	10	符合企业资质管理标准得10分	10
		工程勘察业务收入（1－1－2）	15	1000万元以下	10
				1000万元及以上，3000万元以下	12
				3000万元及以上，5000万元以下	13
				5000万元及以上	15
		企业总产值（1－1－3）	15	2000万元以上	8
				2000万元以上，1亿元以下	9
				1亿元及以上	10
	人员（1－2）	工程技术、经营、管理人员占从业人员比例（1－2－1）	20	15%及以下	10
				15%以上，20%及以下	15
				20%以上，30%及以下	18
				30%以上	20

续表

一级指标	二级指标	三级指标	分值（S）	评价标准	得分
基础指标（1）	人员（1－2）	注册岩土工程师、测绘工程师与其他注册执业工程师比例（1－2－2）	15	30%及以下	12
				30%以上，40%及以下	13
				40%以上，50%及以下	14
				50%以上	15
		人员人均年产值（1－2－3）	15	12万元以下	10
				12万元及以上，15万元以下	12
				15万元及以上，18万元以下	13
				18万元及以上，22.5万元以下	14
				22.5万元及以上	15
	经营年限（1－3）	从事工程勘察业务年限（1－3－1）	10	5年以下	6
				5年及以上，10年以下	8
				10年及以上	10
技术能力指标（2）	科研开发能力（2－1）	主编或参与编制国家、行业、地方标准或规范（2－1－1）	4	参与或主编国家、行业标准编制每项得2分（X项），地方标准每项得1分（Y项）	X·2＋Y·1
		企业或在编员工获得国家、省/部级科技奖项奖励类型（2－1－2）	4	获国家级奖项每项得2分（X项），获省部级奖每项得1分（Y项）	X·2＋Y·1
		企业设立专门的技术或管理研发机构（2－1－3）	5	企业自身设立专门的技术或管理研发机构	3
				取得省部级相关管理机构核准而设立专门的研发机构	2
		课题研究项目数（2－1－4）	4	申请获得国家、省部级或地方政府研发课题（非企业设立课题）每项2分（X项）	X·2
			2	企业设立的研究课题每项得1分（X项）	X·1
		年度研发经费投入（2－1－5）	8	年度研发经费投入与企业年营业收入比率为0.5%或10万元以下	4
				年度研发经费投入与企业年营业收入比率为0.5%～1%或15万元以上	6
				年度研发经费投入与企业年营业收入比率为1%～2%或20万元以上	7
				年度研发经费投入与企业年营业收入比率为2%以上或40万元以上	8
		科研成果、专利及期刊发表的论文数（2－1－6）	8	在核心期刊或报刊发表的与业务领域相关的论文每篇得2分（X项）	X·2
				申请获得发明专利一项得2分、实用新型专利一项得1分（X项）	X·1
				与业务领域相关的编著或专著，每本得3分（X项）	X·3
				通过评审论证通过的科研成果，每项得2分（X项）	X·2
		员工培训及继续教育经费投入（2－1－7）	10	年人均投入1000元以下	6
				年人均投入1000元及以上，2000元以下	8
				年人均投入2000元及以上	10

续表

一级指标	二级指标	三级指标	分值（S）	评价标准	得分
技术能力指标（2）	专业技术人员（2－2）	学历指标（占勘察从业人员比例）（2－2－1）	10	大学本科学历占40%以下	6
				大学本科学历占40%及以上60%以下	8
				大学本科学历占60%及以上	10
		职称指标（占勘察从业人员比例）（2－2－2）	15	初、中级及以上职称占40%以下	5
				初、中级及以上职称占40%（含），55%以下	7
				初、中级及以上职称占55%（含），70%以下	8
				初、中级及以上职称占70%及以上	10
				中级职称及以上比例在40%及以上	12
				高级职称及以上比例在20%及以上	15
		勘察相关注册工程师数量（2－2－3）	20	符合企业资质管理标准	10
				符合企业资质管理标准1.0倍以上，1.2倍及以下	14
				符合企业资质管理标准1.2倍以上，1.5倍及以下	16
				符合企业资质管理标准1.5倍以上	20
	设备及装备能力（2－3）	工程勘察专用设备、专用软件、常规检测设备配置、研发设备（2－3－1）	5	企业配备齐全，能满足项目勘察需要	5
		办公用房、设备、计算机、软件等设备设施状况（2－3－2）	5	设备设施基本满足日常工作需要	3
				配备了计算机和相应的工作软件	2
经济能力指标（3）	企业经济实力（3－1）	总资产（3－1－1）	5	1000万元以下	2
				1000万元及以上，3000万元以下	3
				3000万元及以上，10000万元以下	4
				10000万元及以上	5
		净资产（3－1－2）	5	1000万元以下	3
				1000万元及以上，3000万元以下	4
				3000万元及以上	5
	盈利能力（3－2）	主营业务收入利润率（3－2－1）	10	4%以下	6
				4%及以上，6%以下	8
				6%及以上，8%以下	9
				8%及以上	10
		净资产收益率（3－2－2）	10	4%以下	6
				4%及以上，7%以下	8
				7%及以上，10%以下	9
				10%及以上	10
	偿债能力（3－3）	资产负债率（3－3－1）	10	70%以上	6
				60%以上，70%及以下	8
				50%以上，60%及以下	9
				50%及以下	10

续表

一级指标	二级指标	三级指标	分值（S）	评价标准	得分
经济能力指标（3）	偿债能力（3－3）	流动比率（3－3－2）	10	30%以上	6
				30%及以下，20%以上	8
				20%及以下	10
	发展能力（3－4）	近三年总产值平均增长率（3－4－1）	10	5%以下	6
				5%及以上，10%以下	8
				10%及以上	10
		近三年净资产平均增长率（3－4－2）	10	2%以下	6
				2%及以上，5%以下	8
				5%及以上	10
		近三年利润总额平均增长率（3－4－3）	10	2%以下	6
				2%及以上，5%以下	8
				5%及以上	10
		近三年主营业务收入平均增长率（3－4－4）	10	2%以下	6
				2%及以上，5%以下	8
				5%及以上	10
		上一年度新签勘察合同总额增长率（3－4－5）	10	10%以下	6
				10%及以上，20%以下	8
				20%及以上	10
管理能力指标（4）	高层管理者素养（4－1）	企业负责人综合素质评价（4－1－1）	15	见附表	6～15
		企业技术负责人综合素质评价（4－1－2）	15	见附表	5～15
		企业财务负责人综合素质评价（4－1－3）	25	见附表	7～25
	管理制度建设（4－2）	企业规章制度健全、完善（4－2－1）	12	企业经营、生产、安全、质量、人事、财务等规章制度健全完善	12
				企业经营、生产、安全、质量、人事、财务等规章制度缺项，缺一项扣2分	0～10
		是否通过质量管理体系认证（4－2－2）	6	通过认证	6
				未通过认证	0
		是否通过环境管理体系认证（4－2－3）	6	通过认证	6
				未通过认证	0
		是否通过职业健康安全管理体系认证（4－2－4）	6	通过认证	6
				未通过认证	0
	管理方法和手段（4－3）	利用互联网和信息系统开展生产管理等情况（4－3－1）	12	能基本运用办公自动化（OA）对企业的经营、生产、人事、行政等进行管理	4
				能基本运用财务管理软件对企业日常财务工作进行管理	4
				能基本运用互联网对正在实施的监理项目进行企业层级的日常监管	4
		其他现代管理方法和手段的利用情况（4－3－2）	3	是否有利用其他现代管理方法和手段的情况	0～3

续表

一级指标	二级指标	三级指标	分值（S）	评价标准	得分
信用记录指标（5）	客户评价记录（5－1）	项目主要勘察人员到位情况（5－1－1）	5	差	1
				一般	2
				中	3
				较好	4
				好	5
		关键管理、技术人员的资格和能力（5－1－2）	5	不能完全胜任工作	2
				一般	3
				能胜任工作	5
		过程管理的水平和效果（如过程中质量、进度完成情况及安全文明施工情况）（5－1－3）	5	差	1
				一般	2
				中	3
				较好	4
				好	5
		合同履行的结果（如质量、进度完成情况）（5－1－4）	5	差	1
				一般	2
				中	3
				较好	4
				好	5
		履行勘察职责情况（5－1－5）	5	差	2
				一般	3
				好	5
		售后服务及回访记录（5－1－5）	5	差	2
				一般	3
				好	5
	行业获奖记录（5－2）	近三年获得省部级以上工程勘察奖情况（5－2－1）	10	每个获奖项目得2分（X项）	X·2
		近三年内获得省部级以上表彰或表扬（5－2－2）	10	每个获奖项目得2分（X项）	X·2
	建设主管部门处罚记录（5－3）	企业资质方面不良行为记录（5－3－1）	20	每次无不良记录，扣2分（X项），情节严重的扣每次3分（Y项），扣完为止。发生特别重大事故扣20分，重大事故扣10分，扣完为止	20－2·X－3·Y
		承揽业务方面不良行为记录（5－3－2）			
		质量安全方面不良行为记录（5－3－3）			
		受到省、市级建设行政主管部门行政处罚（5－3－4）			
		执业资格人员不良行为记录（5－3－5）			

续表

一级指标	二级指标	三级指标	分值（S）	评价标准	得分
信用记录指标（5）	社会保障记录（5－4）	非法用工投诉记录（5－4－1）	15	每次发生且情况属实扣2分（X项），情节严重的每次扣3分（Y项），扣完为止	15－2·X－3·Y
		克扣和无故拖欠劳动者工资投诉记录（5－4－2）			
		拖欠社会保险费不良记录（5－4－3）			
		不重视职业病防治工作和保障义务等记录（5－4－4）			
	其他信用记录（5－5）	金融机构不良信用记录（信贷、担保、抵押、保险等）（5－5－1）	15	每次发生且情况属实扣2分（X项），情节严重的每次扣3分（Y），扣完为止	15－2·X－3·Y
		诉讼或仲裁的败诉记录（5－5－2）			
		纪委、监察部门提出的不良记录（5－5－3）			
		检察、公安部门处罚记录（5－5－4）			
		工商行政主管部门提出的不良记录（5－5－5）			
		审计部门提出的不良记录（5－5－6）			
		税务部门提出的不良记录（5－5－7）			
履行社会责任和义务情况指标（6）	国内外公益活动（6－1）	参与救灾、物资捐赠、慈善公益宣传等活动（6－1－1）	50	参与该类活动每次得10分	X·10
	企业社会责任记录（6－2）	企业履行节能减排、保护环境、资源保护责任等社会公共责任和义务（6－2－1）	50	参与该类活动每次得10分	X·10

5 设计单位信用评价

5.1 一 般 规 定

5.1.1 本章评价标准（见表3）适用于具有设计资质的单位或者以设计为主业的单位。
5.1.2 一级指标每项满分100分，计算总分时各一级指标的权重为：基础指标10%，技术能力指标15%；经济能力指标15%；管理能力指标20%；信用记录指标35%；履行社会责任和义务情况指标5%。
5.1.3 被评价企业出现以下情况取消评价资格或直接评为D级：

（1）发生特大质量安全责任事故。

（2）被吊销企业设计资质。

5.2 基础指标

5.2.1 基础指标包括企业规模指标、人力资源指标和经营年限指标三方面。
5.2.2 “企业规模”指标反映企业经营规模，应该包括资质等级、注册资金、设计业务收入和总营业收入等。
5.2.3 “人力资源”指标包括注册设计工程师与从业人员比例，注册设计工程师与其他注册执业工程师比例，人员人均产值等三级指标。首先应满足工程设计资质标准的各项要求，在此基础上按照注册设计工程师与设计从业人员比例、注册设计工程师与其他注册执业工程师比例、企业人员人均年产值三个指标评价，上述各类人员均指在评价时点与企业建立劳动合同关系的从业人员，并应符合下列要求：

（1）注册设计工程师与设计从业人员比例值达到相关的范围；

（2）注册设计工程师与其他注册执业工程师比例值达到相关的范围；

（3）企业人员人均年产值是指近三年来企业工程设计业务产值与设计从业人员（近三年平均值）的比例关系。

5.2.4 “经营年限”指标反映企业持续经营能力，从设计企业首次获得设计资质时起算。

5.3 技术能力指标

5.3.1 技术能力指标包括创新能力、专业技术人员和设备及装备能力三方面。
5.3.2 “创新能力”指标包括主编或参与编制国家、行业、地方标准或规范、企业或在编员工获得国家、省/部级科技奖项、企业设立专门的技术或管理研发机构等，具体包括：

（1）主编或参与编制国家、行业、地方标准或规范情况。

（2）企业或在编员工获得国家、省/部级科技奖项。

（3）企业设立专门的技术或管理研发机构情况。

（4）申请获得国家、省部级或地方政府研发课题情况。

（5）年度研发经费投入，应按年度技术研发经费投入占工程设计产值的比例计算，年度技术研发经费投入仅包括企业直接投入的技术研发经费。

（6）评价年限内科研成果、专利及期刊发表的论文数。

（7）员工培训及继续教育经费投入。

5.3.3 “专业技术人员”指标包括学历指标、职称指标和设计相关注册工程师数量等三个指标，具体内容包括：

（1）评价时点企业拥有大学本科及本科以上学历的人员占全部设计从业人员的比例。

（2）评价时点企业初、中、高级职称各占设计从业人员比例。

（3）设计相关注册工程师数量。

5.3.4 “设备及装备能力”指标包括工程设计专用设备、专用软件、常规检测设备配置、研发设备和办公用房、设备、计算机、软件等设备设施状况。

5.4 经济能力指标

5.4.1 经济能力指标包括企业经济实力、盈利能力、偿债能力和发展能力等四个方面。

5.4.2 “企业经济实力”指标应包括企业的总资产及净资产等三级指标。

5.4.3 “企业盈利能力”指标应包括主营业务收入利润率和净资产收益率等两个指标。

5.4.4 “企业偿债能力”指标应包括资产负债率及流动比率两个指标。

5.4.5 “企业发展能力”指标应包括近三年总产值平均增长率、近三年净资产平均增长率、近三年利润总额平均增长率、近三年主营业务收入平均增长率、上一年度新签合同总额增长率等五个指标。

5.5 管理能力指标

5.5.1 管理能力指标包括高层管理者素养、管理制度建设、管理方法和手段等三级指标。

5.5.2 “高层管理者素养”指标包括企业负责人综合素质评价、企业技术负责人综合素质评价和企业高管层团队综合素质评价等。其评价应符合下列要求：

（1）企业负责人是指企业的法定代表人、董事长、总经理等对企业管理行使实际决策控制权的负责人。担任企业中层以上经营管理工作年限，是指在担任企业负责人之前在同等同类规模企业中担任管理部门负责人或分支机构负责人的工作年限。

（2）企业技术负责人是指担任企业技术、研发管理的负责人。担任企业中层以上技术管理工作年限，是指在担任企业技术负责人之前在同等同类规模企业中担任技术管理部门负责人或分支机构技术负责人的工作年限。

（3）企业高层管理团队是指企业中层管理负责人以上的内部管理团队。平均学历指团队中同一学历最多的学历；平均职称指团队中同一职称人数最多的职称；平均行业工作年限指团队中个人累计行业工作年限除以团队人数；担任企业中层以上管理工作的平均年限类似计算。

5.5.3 “管理制度建设”指标应包括企业规章制度健全、完善，是否通过质量管理体系认证、环境管理体系认证、职业健康安全管理体系认证等内容。

5.5.4 “管理方法和手段”指标应包括利用互联网和信息系统开展生产管理情况，其他现代管理方法和手段的利用情况。

5.6 信用记录指标

5.6.1 信用记录指标应包括客户评价记录、行业获奖记录、建设主管部门处罚记录、社会保障记录和其他信用记录等指称。

5.6.2 “客户评价记录”指标应包括项目主要设计人员到位情况、关键管理、技术人员的资格和能力、过程管理的水平和效果、合同履行的结果、履行设计职责情况、售后服务及回访记录等。评价单位应建立专门的客户评价实施细则，在客户调研的基础上综合得出相关指标结果。

5.6.3 “行业获奖记录”指标应是近三年获得省部级以上工程设计奖情况、近三年内获得省部级以上表彰或表扬情况等。

5.6.4 “主管部门处罚记录”指标应包括企业资质方面不良行为记录、承揽业务方面不良行为记录、质量安全方面不良行为记录、受到省/市级建设行政主管部门行政处罚和企业执业资格人员不良行为记录等，应以近三年情况为考评依据。

5.6.5 “社会保障记录”指标应包括非法用工投诉记录、克扣和无故拖欠劳动者工资投诉记录、拖欠社会保险费不良记录、不重视职业病防治工作和保障义务等。

5.6.6 其他信用记录可包括金融机构不良信用记录，民事和行政诉讼或仲裁的败诉记录，其他行政管理部门给予处罚的记录，政党、社会团体提出的不良记录，刑事犯罪记录等。

5.7 履行社会责任和义务指标

5.7.1 履行社会责任和义务指标应包括国内外公益活动和企业社会责任记录等。

5.7.2 “国内外公益活动”指标可包括参与抢险救灾、慈善公益活动的财物捐赠，其他慈善公益宣传活动等。

5.7.3 “企业社会责任记录”指标包括企业履行节能减排、保护环境、资源保护责任等社会公共责任和义务等。

表3 设计单位信用评价标准

一级指标	二级指标	三级指标	分值(S)	评价标准	得分
基础指标（1）	企业规模（1－1）（50分）	资质等级（1－1－1）	10	综合甲级资质	5
				行业、专业、专项甲级资质	4
				行业、专业、专项乙级资质	3
				其他级别	2
		注册资金（1－1－2）	10	符合企业资质管理标准得5分	5
		工程设计业务收入（1－1－3）	15	1000万元以下	6
				1000万元（含）至2亿元	按差值法计算，结果取整数
				2亿元及以上	15
		总营业收入（1－1－4）	15	2000万元以下	6
				2000万元（含）至4亿元	按差值法计算，结果取整数
				4亿元及以上	15
	人员（1－2）（45分）	注册设计工程师与设计从业人员比例（1－2－1）	15	15%及以下	10
				15%以上，20%及以下	15
				20%以上，30%及以下	18
				30%以上	20
		注册设计工程师与其他注册执业工程师比例（1－2－2）	15	30%及以下	12
				30%以上，40%及以下	13
				40%以上，50%及以下	14
				50%以上	15
		企业人员人均年产值（1－2－3）	15	12万元以下	10
				12万元及以上，24万元以下	12
				24万元及以上，36万元以下	13
				36万元及以上，48万元以下	14
				48万元及以上	15
	经营年限（1－3）（5分）	从事设计业务年限（1－3－1）	5	0	5年以下
				3	5年及以上且10年以下
				5	10年及以上

续表

一级指标	二级指标	三级指标	分值(S)	评价标准	得分
技术能力指标（2）	科技能力（2－1）（45分）	主编或参与编制国家、行业、地方标准或规范（2－1－1）	4	参与或主编国家、行业标准编制每项得2分（X项），地方标准得每项得1分（Y项）	X·2＋Y·1
		企业或在编员工获得国家、省/部级科技奖项奖励类型（2－1－2）	4	获国家级奖项每项得2分（X项），获省部级奖每项得1分（Y项）	X·2＋Y·1
		企业设立专门的技术或管理研发机构（2－1－3）	5	企业自身设立专门的技术或管理研发机构	2
				取得省部级相关管理机构核准而设立专门的研发机构	5
		课题研究项目数（2－1－4）	4	申请获得国家、省部级或地方政府研发课题（非企业设立课题）每项得2分（X项）	X·2
			2	企业设立的研究课题每项得1分（X项）	X·1
		年度研发经费投入（2－1－5）	8	年度研发经费投入与企业年营业收入比率为0.5%或10万元以下	2
				年度研发经费投入与企业年营业收入比率为0.5%（含）～1%或15万元以上	4
				年度研发经费投入与企业年营业收入比率为1%（含）～2%或20万元以上	6
				年度研发经费投入与企业年营业收入比率为2%（含）以上或40万元以上	8
		科研成果、专利及期刊发表的论文数（2－1－6）	8	在核心期刊或报刊发表的与业务领域相关的论文每篇得2分（X项）	X·2
				申请获得发明专利一项得2分（X项）、实用新型专利一项得1分（Y项）	X·2＋Y·1
				与业务领域相关的编著或专著，每本得3分（X项）	X·3
				通过评审论证的科研成果，每项得2分（X项）	X·2
	专业技术人员（2－2）（45分）	员工培训及继续教育经费投入（2－1－7）	10	年人均投入2000元以下	5
				年人均投入2000元及以上	10
		学历指标（与设计从业人员比例）（2－2－1）	10	大学本科学历占40%以下	6
				大学本科学历占40%及以上60%以下	8
				大学本科学历占60%及以上	10
		职称指标（与设计从业人员比例）（2－2－2）	15	初级职称及以上占80%及以上；	5
				中级职称及以上比例在60%及以上；	5
				高级职称及以上比例在30%及以上	5
		设计相关注册工程师数量（2－2－3）	20	符合企业资质管理标准，低于1.2倍	10
				符合企业资质管理标准1.2倍及以上，1.4倍及以下	14
				符合企业资质管理标准1.4倍及以上，1.6倍及以下	18
				符合企业资质管理标准1.6倍及以上	20
	设备及装备能力（2－3）（10分）	工程设计专用设备、专用软件、常规检测设备配置、研发设备（2－3－1）	5	企业配备不齐全，不能满足项目设计需要	0
				企业配备齐全，能满足项目设计需要	5
		办公用房、设备、计算机、软件等设备设施状况（2－3－2）	5	设备设施基本满足日常工作需要	3
				配备了计算机和相应的工作软件	2

续表

一级指标	二级指标	三级指标	分值(S)	评价标准	得分
经济能力指标（3）	企业经济实力（3－1）（10分）	总资产（3－1－1）	5	2000万元以下	2
				2000万元及以上，5000万元以下	3
				5000万元及以上，2亿元以下	4
				2亿元及以上	5
		净资产（3－1－2）	5	1000万元以下	3
				1000万元及以上，3000万元以下	4
				3000万元及以上	5
	盈利能力（3－2）（10分）	主营业务收入利润率（3－2－1）	10	4%以下	6
				4%及以上，6%以下	8
				6%及以上，8%以下	9
				8%及以上	10
		净资产收益率（3－2－2）	10	4%以下	6
				4%及以上，7%以下	8
				7%及以上，10%以下	9
				10%及以上	10
	偿债能力（3－3）（20分）	资产负债率（3－3－1）	10	70%以上	6
				60%以上，70%及以下	8
				50%以上，60%及以下	9
				50%及以下	10
		流动比率（3－3－2）	10	30%以上	6
				30%及以下，20%以上	8
				20%及以下	10
	发展能力（3－4）（50分）	近三年总产值平均增长率（3－4－1）	10	5%以下	6
				5%及以上，10%以下	8
				10%及以上	10
		近三年净资产平均增长率（3－4－2）	10	2%以下	6
				2%及以上，5%以下	8
				5%及以上	10
		近三年利润总额平均增长率（3－4－3）	10	2%以下	6
				2%及以上，5%以下	8
				5%及以上	10
		近三年主营业务收入平均增长率（3－4－4）	10	2%以下	6
				2%及以上，5%以下	8
				5%及以上	10
		上一年度新签合同总额增长率（3－4－5）	10	10%以下	6
				10%及以上，20%以下	8
				20%及以上	10

续表

一级指标	二级指标	三级指标	分值(S)	评价标准		得分
管理能力指标（4）	高层管理者素养（4－1）（50分）	企业负责人综合素质评价（4－1－1）	13	学历	本科以下	1
					本科及以上	2
				职称	初级及以下	1
					中级	2
					高级	3
				行业工作年限	5年以下	1
					5年及以上，10年以下	2
					10年及以上	3
				担任企业中层以上经营管理工作年限	5年及以下	1
					5年以上，10年及以下	2
					10年以上	3
				个人职业生涯不良记录	有	0
					无	2
		企业技术负责人综合素质评价（4－1－2）	14	学历	本科以下	1
					本科及以上	2
				职称	初级、中级及以下	1
					高级	2
				设计持证状况	无	0
					有注册设计相关工程师证书	2
				行业工作年限	5年以下	1
					5年及以上，10年以下	2
					10年及以上	3
				担任企业中层以上经营管理工作年限	5年及以下	1
					5年以上，10年及以下	2
					10年以上	3
				个人职业生涯不良记录	有	0
					无	2
		企业高管层团队综合素质评价（4－1－3）	23	平均学历	本科以下	1
					本科及以上	2
				平均职称	初级	1
					中级	2
					高级	3
				平均行业工作年限	5年以下	1
					5年及以上，10年以下	2
					10年及以上	3
				担任企业中层以上管理工作的平均年限	5年以下	1
					5年及以上，10年以下	2
					10年及以上	3

续表

一级指标	二级指标	三级指标	分值(S)	评价标准		得分
管理能力指标（4）	高层管理者素养（4－1）（50分）	企业高管层团队综合素质评价（4－1－3）	23	团队组织结构状况	结构不合理，职能分工不明确	1
					结构合理，职能分工不明确	2
					结构合理、管理职能分工明确	4
				生产主管持证状况	无	0
					有注册设计相关专业工程师证书	2
				人事主管持证状况	无	0
					有人力资源管理师证书	2
				财务主管持证状况	无	0
					有注册会计师资格证书	2
				团队中个人职业生涯不良记录	有	0
					无	2
	管理制度建设（4－2）（30分）	企业规章制度健全、完善（4－2－1）	12	企业经营、生产、安全、质量、人事、财务等规章制度缺项，缺一项扣2分（X项）		12－X·2
				企业经营、生产、安全、质量、人事、财务等规章制度健全完善		12
		是否通过质量管理体系认证（4－2－2）	6	通过认证		6
				未通过认证		0
		是否通过环境管理体系认证（4－2－3）	6	通过认证		6
				未通过认证		0
		是否通过职业健康安全管理体系认证（4－2－4）	6	通过认证		6
				未通过认证		0
	管理方法和手段（4－3）（20分）	利用互联网和信息系统开展生产管理等情况（4－3－1）	15	能运用办公自动化（OA）对企业的经营、生产、人事、行政等进行管理	应用3年以上	5
					应用1～3年	3
					开始启用	2
					未运用	0
				能运用财务管理软件对企业日常财务工作进行管理	应用3年以上	5
					应用1～3年	3
					开始启用	2
					未运用	0
				能运用互联网对正在实施的设计项目进行企业层级的日常监管	应用3年以上	5
					应用1～3年	3
					开始启用	2
					未运用	0
		其他现代管理方法和手段的利用情况（4－3－2）	5	利用其他现代管理方法和手段的情况		0～5

续表

一级指标	二级指标	三级指标	分值(S)	评价标准	得分
信用记录指标（5）	客户评价记录（5－1）（30分）	项目主要设计人员到位情况（5－1－1）	5	完全不到位	0
				按时到位	5
		关键管理、技术人员的资格和能力（5－1－2）	5	完全不能胜任工作	0
				能胜任工作	5
		过程管理的水平和效果（5－1－3）	5	不好	0
				好	5
		合同履行的结果（5－1－4）	5	不好	0
				好	5
		履行设计职责情况（5－1－5）	5	不好	0
				好	5
		售后服务及回访记录（5－1－6）	5	不好	0
				好	5
	行业获奖记录（5－2）（20分）	近三年获得省部级以上工程设计奖情况（5－2－1）	10	每个获奖项目得2分（X项）	X・2
		近三年获得省部级以上表彰或表扬（5－2－2）	10	每个获奖项目得2分（X项）	X・2
	建设主管部门处罚记录（5－3）（20分）	企业资质方面不良行为记录（5－3－1）	20	每次不良记录扣2分（X项），情节严重的每次扣5分（Y项），扣完为止。发生重大事故扣20分。发生特别重大事故，一票否决	20－2・X－3・Y
		承揽业务方面不良行为记录（5－3－2）	15		
		质量安全方面不良行为记录（5－3－3）	15		
		受到省、市级建设行政主管部门行政处罚记录（5－3－4）			
		执业资格人员不良行为记录（5－3－5）			
	社会保障记录（5－4）（15分）	非法用工投诉记录（5－4－1）		每次发生且情况属实扣2分（X项），情节严重的每次扣3分（Y项），扣完为止	15－2・X－3・Y
		克扣和无故拖欠劳动者工资投诉记录（5－4－2）			
		拖欠社会保险费不良记录（5－4－3）			
		不重视职业病防治工作和保障义务等记录（5－4－4）			
	其他信用记录（5－5）（15分）	金融机构信用记录（信贷、担保、抵押、保险等）（5－5－1）		每次发生且情况属实扣2分（X项），情节严重的每次扣3分（Y项），扣完为止	15－2・X－3・Y
		诉讼或仲裁的败诉记录（5－5－2）			
		纪委、监察部门提出的不良记录（5－5－3）			
		检察、公安部门处罚记录（5－5－4）			
		工商行政主管部门提出的不良记录（5－5－5）			
		审计部门提出的不良记录（5－5－6）			
		税务部门提出的不良记录（5－5－7）			
履行社会责任和义务情况（6）	国内外公益活动（6－1）	参与救灾、物资捐赠、慈善公益宣传等活动（6－1－1）	50	参与该类活动每次得10分（X次）	10・X
	企业社会责任记录（6－2）	企业履行节能减排、保护环境、资源保护责任等社会公共责任和义务（6－2－1）	50	参与该类活动每次得10分	10・X

6　施工图审查单位信用评价

6.1　一般规定

6.1.1　本章评价标准（见表4）适用于具有施工图审查资质的单位或者以施工图审查为主业的单位。

6.1.2　一级指标每项100分，计算总分时各一级指标的权重为：基础指标10%；技术能力指标10%；经济能力指标10%；管理能力指标25%；信用记录指标40%；履行社会责任和义务情况指标5%。

6.1.3　凡有累计计分的，累计分不得超过该项的最高分值。

6.1.4　凡涉及累计计分的，累计年限均为近三年。

6.2　基础指标

6.2.1　“企业规模”指标反映企业经营规模，应该包括注册资金、施工图审查业务营业收入和企业总产值等三级指标，应符合下列要求：

（1）注册资金为企业在工商行政管理机关登记的实际出资到位注册资本金。

（2）施工图审查业务营业收入以近三年平均主营业务收入为计算标准。

（3）企业总产值按照近三年平均值计算。

6.2.2　“人力资源”指标包括注册结构工程师与审图从业人员比例，注册结构工程师与其他注册执业工程师比例和企业人员人均年产值等三级指标。上述各类人员均指在评价时点，与企业建立劳动合同关系的从业人员，并应符合下列要求：

（1）施工图审查从业人员是指企业内参加工程施工图审查各项工作的人员。

（2）注册结构工程师是指取得中华人民共和国注册结构工程师执业资格证书和注册证书，从事建筑物、构筑物、工程设施等结构工程设计和结构工程设计技术咨询的人。

（3）注册结构工程师与施工图审查从业人员比例为持有注册结构工程师的人员与施工图审查从业人员的比例。

（4）注册结构工程师与其他注册执业工程师的比例指持有注册结构工程师的人员与持有其他各类注册执业工程师人员的比例。

（5）其他注册执业工程师包括：建筑、公用设备、造价、咨询等工程施工图审查相关专业注册工程师。

（6）企业人员人均年产值按近三年企业总产值与评价时点总人员计算。

6.2.3　从事施工图审查业务年限以取得第一项施工图审查资质的年份起算。

6.3　技术能力指标

6.3.1　“科技能力”指标包括企业主编或参编国家、行业、地方标准，企业或在编员工获得国家、省/部级科技奖项，企业设立专门技术和管理研发机构，课题研究项目数，年度研发经费投入，科研成果、专利及期刊发表的论文数，员工培训及继续教育经费投入等指标。应符合下列要求：

（1）企业设立专门技术和管理研发机构，应是企业自身专门设立的技术研发机构或技术研发管理机构，须有健全的制度，良好的运行机制。

（2）课题研究项目应取企业近三年申请获得的正在研究或结项的课题数。

（3）年度研发经费投入仅指企业直接投入的研发经费，不包含与其他单位合作而由其他单位投入的经费。

（4）员工培训及继续教育经费投入，应是企业直接用于员工培训和继续教育的每人、每年平均费用。

6.3.2 “专业技术人员”指标包括学历指标、职称指标和审图相关注册工程师数量等三级指标。

6.3.3 “设备及装备能力”指标反映企业的设备及装备能力和工作设施设备条件，包括施工图审查专用设备、专用软件、常规检测设备配置、研发设备和办公设备、计算机及软件等设备设施状况，其设备及装备均应是企业自有、自用的设备及装备。

6.4 经济能力指标

6.4.1 “企业经济实力”指标应包括企业总资产、净资产等指标。

6.4.2 “盈利能力”指标应包括主营业务收入利润、净资产收益率等指标。

6.4.3 “偿债能力”指标应包括资产负债率、流动比率等指标。

6.4.4 “发展能力”指标应包括近三年企业总产值平均增长率、近三年净资产平均增长率、近三年利润总额平均增长率、近三年主营业务收入平均增长率、上一年度新签合同总额增长率等指标。

6.5 管理能力指标

6.5.1 管理能力指标应包括高层管理者素养、管理制度建设、管理方法和手段等三级指标。

6.5.2 “高层管理者素养”指标应包括企业负责人综合素质，企业技术负责人综合素质，企业财务负责人综合素质等。其评价应符合下列要求：

（1）企业负责人是指企业的法定代表人、董事长、总经理等对企业管理行使实际决策控制权的负责人。担任企业中层以上经营管理工作年限，是指在担任企业负责人之前在同等同类规模企业中担任管理部门负责人或分支机构负责人的工作年限。

（2）企业技术负责人是指担任企业技术、研发管理的负责人。担任企业中层以上技术管理工作年限，是指在担任企业技术负责人之前在同等同类规模企业中担任技术管理部门负责人或分支机构技术负责人的工作年限。

（3）企业财务负责人是指对企业的财务活动和会计活动进行管理和监督的企业高级管理人员。担任企业财务负责人工作年限，是指在企业担任财务管理部门负责人或分支机构财务管理负责人的工作年限。

6.5.3 “管理制度建设”指标应包括企业管理制度健全、完善，是否通过质量管理体系认证，是否通过环境管理体系认证，是否通过职业健康安全管理体系认证等。

6.5.4 “管理方法和手段”指标应包括利用互联网和信息系统开展生产管理等情况，其他现代管理方法和手段的利用情况。

6.6 信用记录指标

6.6.1 信用记录指标应包括客户评价记录、行业获奖记录、建设主管部门处罚记录、社会保障记录和其他信用记录等。

6.6.2 “客户评价记录”指标应包括项目主要审图人员到位情况，关键管理、技术人员的资格和能力，过程管理的水平和效果（如过程中质量、进度完成情况及安全文明施工情况），合同履行的结果（如质量、进度完成情况），履行审图职责情况，售后服务及回访记录等。评价单位应建立专门的客户评价实施细则，在客户调研的基础上综合得出相关指标结果。

6.6.3 “行业获奖记录”指标应是近三年获得的省部级及以上的奖项或表彰。

6.6.4 “建设主管部门处罚记录”指标应包括企业资质方面的不良行为记录，承揽业务方面的不良行为记录，质量安全方面的不良行为记录，省市级建设行政主管部门的行政处罚记录，执业资格人员不良记录等。企业各类不良记录，应以近三年情况为考评依据。

6.6.5 “社会保障记录”指标应包括非法用工投诉记录，克扣和无故拖欠劳动者工资投诉记录，拖欠社会保险费不良记录，不重视职业病防治工作和保障义务等记录。

6.6.6 “其他信用记录”指标可包括金融机构信用记录，刑事犯罪记录，纪委、监察部门提出的不良记录，检察、公安部门处罚记录，工商行政主管部门不良记录，审计部门不良记录，税务部门不良记录等，应符合下列规定：

（1）金融机构不良信用记录是指企业在与金融机构发生信贷、担保、抵押、保险等业务过程中被金融机构记载的不良记录。

（2）刑事犯罪记录是指企业或高管团队在职务活动中因触犯刑法，单位或个人被判处刑罚的记录。

6.7 履行社会责任和义务指标

6.7.1 履行社会责任和义务指标应包括参加国内外公益活动和履行企业社会责任记录等。

6.7.2 国内外公益活动可包括参与抢险救灾、慈善公益活动财物捐赠，其他慈善公益宣传活动等。

6.7.3 企业社会责任记录可包括企业履行节能减排、环境保护、资源保护责任等社会公共责任和义务。

表4 施工图审查单位信用评价标准

一级指标	二级指标	三级指标	分值（S）	评价标准	得分
基础指标（1）	企业规模（1－1）	注册资金（1－1－1）	10	符合企业资质管理标准得10分	10
		施工图审查业务营业收入（1－1－2）	15	300万元以下	10
				300万元及以上，500万元以下	12
				500万元及以上，1000万元以下	13
				1000万元及以上	15
		总产值（1－1－3）	15	500万元以下	8
				500万元及以上，2000万元以下	9
				2000万元及以上	10
	人员（1－2）	注册结构工程师与施工图审查从业人员比例（1－2－1）	20	15%及以下	10
				15%以上，20%及以下	15
				20%以上，30%及以下	18
				30%以上	20
		注册结构工程师与其他注册执业工程师比例（1－2－2）	15	30%及以下	12
				30%以上，40%及以下	13
				40%以上，50%及以下	14
				50%以上	15
		企业人员人均年产值（1－2－3）	15	12万元以下	10
				12万元及以上，15万元以下	12
				15万元及以上，18万元以下	13
				18万元及以上，22.5万元以下	14
				22.5万元及以上	15
	经营年限（1－3）	从事施工图审查业务年限（1－3－1）	10	5年以下	6
				5年及以上，10年以下	8
				10年及以上	10

续表

一级指标	二级指标	三级指标	分值（S）	评价标准	得分
技术能力指标（2）	科技能力（2－1）	主编或参与编制国家、行业、地方标准或规范（2－1－1）	4	参与或主编国家、行业标准编制每项得2分（X项），地方标准得每项得1分（Y项）	X·2＋Y·1
		企业或在编员工获得国家、省/部级科技奖项（2－1－2）	4	获国家级奖项每项得2分（X项），获省部级奖每项得1分（Y项）	X·2＋Y·1
		企业设立专门的技术或管理研发机构（2－1－3）	5	企业自身设立专门的技术或管理研发机构	3
				取得省部级相关管理机构核准而设立专门的研发机构	2
		课题研究项目数（2－1－4）	4	申请获得国家、省部级或地方政府研发课题（非企业设立课题）每项2分（X项）	X·2
			2	企业设立的研究课题每项得1分（X项）	X·1
		年度研发经费投入（2－1－5）	8	年度研发经费投入与企业年营业收入比率为0.5%或10万元以下	4
				年度研发经费投入与企业年营业收入比率为0.5%（含）～1%或15万元以上	6
				年度研发经费投入与企业年营业收入比率为1%（含）～2%或20万元以上	7
				年度研发经费投入与企业年营业收入比率为2%（含）以上或40万元以上	8
		科研成果、专利及期刊发表的论文数（2－1－6）	8	在核心期刊或报刊发表的与业务领域相关的论文每篇得2分（X项）	X·2
				申请获得发明专利一项得2分、实用新型专利一项得1分（X项）	X·1
				与业务领域相关的编著或专著，每本得3分（X项）	X·3
				通过评审论证通过的科研成果，每项得2分（X项）	X·2
		员工培训及继续教育经费投入（2－1－7）	10	年人均投入1000元以下	6
				年人均投入1000元及以上，2000元以下	8
				年人均投入2000元及以上	10
	专业技术人员（2－2）	学历指标（与审图从业人员比例）（2－2－1）	10	大学本科学历占40%以下	6
				大学本科学历占40%及以上60%以下	8
				大学本科学历占60%及以上	10
		职称指标（与审图从业人员比例）（2－2－2）	15	初、中级及以上职称占40%以下	5
				初、中级及以上职称占40%及以上，55%以下	7
				初、中级及以上职称占55%及以上，70%以下	8
				初、中级及以上职称占70%及以上	10
				中级职称及以上比例在40%及以上	2
				高级职称比例在20%及以上	3
	设备及装备能力（2－3）	审图相关注册工程师数量（2－2－3）	20	符合企业资质管理标准	10
				符合企业资质管理标准1.0倍以上，1.2倍及以下	14
		施工图审查专用设备、专用软件、常规检测设备配置、研发设备（2－3－1）	5	符合企业资质管理标准1.2倍以上，1.5倍及以下	16
				符合企业资质管理标准1.5倍以上	20
				企业配备齐全，能满足项目审图需要	5
		办公设备、计算机及软件等设备设施状况（2－3－2）	5	设备设施基本满足日常工作需要	3
				配备了计算机和相应的工作软件	2

续表

一级指标	二级指标	三级指标	分值（S）	评价标准	得分
经济能力指标（3）	企业经济实力（3－1）	总资产（3－1－1）	5	300万元以下	2
				300万元及以上，500万元以下	3
				500万元及以上，1000万元以下	4
				1000万元及以上	5
		净资产（3－1－2）	5	200万元以下	3
				200万元及以上，300万元以下	4
				300万元及以上	5
	盈利能力（3－2）	主营业务收入利润率（3－2－1）	10	4%以下	6
				4%及以上，6%以下	8
				6%及以上，8%以下	9
				8%及以上	10
		净资产收益率（3－2－2）	10	4%以下	6
				4%及以上，7%以下	8
				7%及以上，10%以下	9
				10%及以上	10
	偿债能力（3－3）	资产负债率（3－3－1）	10	70%以上	6
				60%以上，70%及以下	8
				50%以上，60%及以下	9
				50%及以下	10
		流动比率（3－3－2）	10	30%以上	6
				30%及以下，20%以上	8
				20%及以下	10
	发展能力（3－4）	近三年总产值平均增长率（3－4－1）	10	5%以下	6
				5%及以上，10%以下	8
				10%及以上	10
		近三年净资产平均增长率（3－4－2）	10	2%以下	6
				2%及以上，5%以下	8
				5%及以上	10
		近三年利润总额平均增长率（3－4－3）	10	2%以下	6
				2%及以上，5%以下	8
				5%及以上	10
		近三年主营业务收入平均增长率（3－4－4）	10	2%以下	6
				2%及以上，5%以下	8
				5%及以上	10
		上一年度新签合同总额增长率（3－4－5）	10	10%以下	6
				10%及以上，20%以下	8
				20%及以上	10

续表

一级指标	二级指标	三级指标	分值（S）	评价标准	得分
管理能力指标（4）	高层管理者素养（4－1）	企业负责人综合素质评价（4－1－1）	15	见附表	6～15
		企业技术负责人综合素质评价（4－1－2）	15	见附表	5～15
		企业财务负责人综合素质评价（4－1－3）	25	见附表	7～25
	管理制度建设（4－2）	企业规章制度健全、完善（4－2－1）	12	企业经营、生产、安全、质量、人事、财务等规章制度健全完善	12
				企业经营、生产、安全、质量、人事、财务等规章制度缺项，缺一项扣2分	0～10
		是否通过质量管理体系认证（4－2－2）	6	通过认证	6
				未通过认证	0
		是否通过环境管理体系认证（4－2－3）	6	通过认证	6
				未通过认证	0
		是否通过职业健康安全管理体系认证（4－2－4）	6	通过认证	6
				未通过认证	0
	管理方法和手段（4－3）	利用互联网和信息系统开展生产管理等情况（4－3－1）	12	能基本运用办公自动化（OA）对企业的经营、生产、人事、行政等进行管理	4
				能基本运用财务管理软件对企业日常财务工作进行管理	4
				能基本运用互联网对正在实施的监理项目进行企业层级的日常监管	4
		其他现代管理方法和手段的利用情况（4－3－2）	3	是否有利用其他现代管理方法和手段的情况	0～3
信用记录指标（5）	客户评价记录（5－1）	项目主要审图人员到位情况（5－1－1）	5	差	1
				一般	2
				中	3
				较好	4
				好	5
		关键管理、技术人员的资格和能力（5－1－2）	5	不能完全胜任工作	2
				一般	3
				能胜任工作	5
		过程管理的水平和效果（如过程中质量、进度完成情况及安全文明施工情况）（5－1－3）	5	差	1
				一般	2
				中	3
				较好	4
				好	5
		合同履行的结果（如质量、进度完成情况）（5－1－4）	5	差	1
				一般	2
				中	3
				较好	4
				好	5

续表

一级指标	二级指标	三级指标	分值（S）	评价标准	得分
信用记录指标（5）	客户评价记录（5－1）	履行审图职责情况（5－1－5）	5	差	1
				一般	3
				好	5
		售后服务及回访记录（5－1－6）	5	差	2
				一般	3
				好	5
	行业获奖记录（5－2）	近三年获得省部级以上相关奖项（5－2－1）	10	每个获奖项目得2分（X项）	X·2
		近三年内获得省部级以上表彰或表扬（5－2－2）	10	每个获奖项目得2分（X项）	X·2
	建设主管部门处罚记录（5－3）	企业资质方面不良行为记录（5－3－1）	20	每次不良记录，扣2分（X项），情节严重的每次扣3分（Y项），扣完为止。发生特别重大事故扣20分，重大事故扣10分，扣完为止	20－2·X－3·Y
		承揽业务方面不良行为记录（5－3－2）			
		质量安全方面不良行为记录（5－3－3）			
		受到省、市级建设行政主管部门行政处罚（5－3－4）			
		执业资格人员不良行为记录（5－3－5）			
	社会保障记录（5－4）	非法用工投诉记录（5－4－1）	15	每次发生且情况属实扣2分（X项），情节严重的每次扣3分（Y项），扣完为止	15－2·X－3·Y
		克扣和无故拖欠劳动者工资投诉记录（5－4－2）			
		拖欠社会保险费不良记录（5－4－3）			
		不重视职业病防治工作和保障义务等记录（5－4－4）			
	其他信用记录（5－5）	金融机构不良信用记录（信贷、担保、抵押、保险等）（5－5－1）	15	每次发生且情况属实扣2分（X项），情节严重的每次扣3分（Y），扣完为止。单位犯罪或高管团队的职务犯罪每发生一起扣10分，扣完为止	15－2·X－3·Y
		刑事犯罪记录（5－5－2）			
		纪委、监察部门提出的不良记录（5－5－3）			
		检察、公安部门的处罚记录（5－5－4）			
		工商行政主管部门提出的不良记录（5－5－5）			
		审计部门提出的不良记录（5－5－6）			
		税务部门提出的不良记录（5－5－7）			
履行社会责任和义务情况（6）	国内外公益活动（6－1）	参与救灾、物资捐赠、慈善公益宣传等活动（6－1－1）	50	参与该类活动每次得10分	X·10
	企业社会责任记录（6－2）	企业履行节能减排、保护环境、资源保护责任等社会公共责任和义务（6－2－1）	50	参与该类活动每次得10分	X·10

7 工程招标代理单位信用评价

7.1 一般规定

7.1.1 本章评价标准（见表5）适用于具有工程招标代理资质的单位或者以工程招标代理为主业的单位。

7.1.2 一级指标每项100分，计算总分时各一级指标的权重为：基础指标10%；技术能力指标10%；经济能力指标10%；管理能力指标25%；信用记录指标40%；履行社会责任和义务情况指标5%。

7.1.3 凡有累计计分的，累计分不得超过该项的最高分值。

7.2 基础指标

7.2.1 “企业规模”指标包括资质等级、注册资本、办公场所和总产值等。

7.2.2 近三年年均总收入是指近三年年均完成的招标代理业务额。

7.3 技术能力指标

7.3.1 技术能力指标包括科技能力和专业技术人员两个二级指标。

7.3.2 法定代表人、技术经济负责人、财会人员应为本单位专职人员。

7.4 经济能力指标

7.4.1 经济能力指标包括企业经济实力、盈利能力、偿债能力和发展能力等二级指标。

7.4.2 近三年招标代理营业收入平均利润率的计算按如下方法：

（近三年利润总额/近三年招标代理业务收入净额）×100%

7.4.3 资产负债率的计算：（负债总额/资产总额）×100%。

7.4.5 流动比率的计算：（流动资产/流动负债）×100%。

7.4.6 近三年总产值平均增长率的计算：招标代理业务收入/（上年总资产+本年总资产）。

7.4.7 近三年利润平均增长率的计算：（当年招标代理业务利润总额/前三年招标代理业务利润总额）×1/3－1）×100%。

7.4.8 近三年主营业务收入平均增长率的计算：（当年招标代理业务收入总额/前三年招标代理业务收入总额）×1/3－1）×100%。

7.5 管理能力指标

7.5.1 管理能力指标包括高层管理者素养、管理制度建设和管理方法和手段等二级指标。

7.5.2 企业高层及主要职能部门主管人员的素质（如学历、职称、管理工作年限等）：除考察企业经理、技术负责人外，还要根据企业性质选取几个主要职能部门，考察其负责人员的素质。

7.6 信用记录指标

7.6.1 信用记录指标应包括客户评价记录、行业获奖记录、建设主管部门处罚记录、社会保障记录和其他信用记录等。

7.6.2 “客户评价记录”指标，要提供客户评价反馈的书面材料，主要内容包括完成工程的主要人员设备到位情况、关键管理、技术人员的资格和能力、合同履行的结果、售后服务及回访记录等。

7.6.3 “行业获奖记录”指标，所涉及的奖项或表彰要有相应的材料支撑。

7.7 履行社会责任和义务指标

7.7.1 履行社会责任和义务指标应包括参加国内外公益活动和履行企业社会责任记录等。

7.7.2 “企业社会责任记录”指标，可包括企业履行社会责任体系的履行程度、节能减排、环境保护、资源保护责任、履行最低工资标准等社会公共责任和义务。

7.7.3 社会责任体系（SA8000）履行程度按照《社会责任管理体系》（SA8000，2008 标准）执行。

7.7.5 最低工资标准，按照《最低工资规定》[中华人民共和国劳动和社会保障部令（第21号）]为基本文件，以评价时公布的最新数据为标准计算。

表5 工程招标代理单位信用评价标准

一级指标	二级指标	三级指标	分值（S）	评价标准	得分
基础指标（1）	企业规模（1－1）	资质等级（1－1－1）	20	甲级	20
				乙级	10
				暂定级	5
		注册资本金（1－1－2）	15	1000 万元及以上	15
				500 万元及以上，1000 万元以下	10
				500 万元以下	5
		办公场所（1－1－3）	10	甲级≥1000 平方米，乙级≥800 平方米	10
				不符合“甲级≥1000 平方米，乙级≥800 平方米”	2
		近三年年均营业收入（1－1－4）	20	甲级：≥25 亿元；乙级：≥15 亿元	20
				甲级：20 亿元≥16 亿元；乙级：10 亿元≥8 亿元	15
				甲级：低于 16 亿元；乙级：低于 8 亿元	8
	人员（1－2）	企业人员规模（1－2－1）	15	500 人及以上	15
				300 及以上，500 人以下	10
				300 人以下	5
	经营年限（1－3）	从事招标代理业务年限（1－3－1）	20	10 年及以上	20
				5 年及以上，10 年以下	15
				2 年以上	8

续表

一级指标	二级指标	三级指标	分值（S）	评价标准	得分
技术能力指标（2）	科技能力（2－1）	企业专利项数（2－1－1）	15	10 项及以上	15
				5 项及以上，10 项以下	10
				5 项以下	5
		主编国家、行业、地方标准（2－1－2）	10	主持 1 项及以上国家级	10
				参与 1 项国家级或主持省部级 5 项	8
				参与 1 项省部级或主持地方级 1 项	4
		企业设有专门的技术和发展研究机构（2－1－3）	10	设有专门的技术和发展研究机构	10
				没有设立专门的技术和发展研究机构	0
		获得国家/省、部级科技进步奖（2－1－4）	15	获 1 个国家级奖项或 3 个省部级奖项	15
				获 1 项省部级奖项或 3 个市级奖项	10
				无省部级以上奖项，但有 3 个以下市级奖项	5
		年度研发经费投入占总产值的比例（2－1－5）	10	占当年营业额 10%（含）以上	10
				占当年营业额 5%（含）～10%	5
				占当年营业额小于 5%	0
		发表的论文数（2－1－6）	10	3 篇及以上三大检索（SCI、EI、ISTP），或中文核心期刊 10 篇以上	10
				1 篇（含）至 3 篇三大检索，或中文核心期刊 5（含）篇至 10 篇	5
	专业技术人员（2－2）	学历指标（总人数和比例）（2－2－1）	10	在职人员本科学历占总人数的 70% 以上，且研究生学历人数占总人数的 30% 以上	10
				满足以上条件之一	5
		职称指标（总人数和比例）（2－2－2）	5	人数超过资质规定 50% 及以上	5
				人数超过资质规定 25% 及以上，50% 以下	2
		执业资格人员（总人数和比例）（2－2－3）	15	已在本单位注册的招标师占总人数的 30% 以上，且高于相应等级职业资格人数要求 30% 的	15
				已在本单位注册的招标师占总人数的在 10%（含）以上，且高于相应等级职业资格人数要求 10%～30% 的	10
				已在本单位注册的招标师占总人数的 5%（含）～10% 以下，且高于相应等级职业资格人数要求 5%～30% 的	5
经济能力指标（3）	企业经济实力（3－1）	总资产（3－1－1）	10	8 亿及以上	10
				3 亿及以上，8 亿以下	6
				3 亿以下	2
		净资产（3－1－2）	8	7 亿及以上	8
				2 亿及以上，7 亿以下	4
				2 亿以下	0
	盈利能力（3－2）	近三年招标代理营业收入累计值（3－2－1）	10	符合相应资质标准，且，招标代理营业收入超过规定 50% 及以上	10
		近三年招标代理营业收入平均利润率（3－2－2）	8	符合相应资质标准，且，招标代理营业收入超过规定 25%～50%	8
		资产负债率（3－3－1）	9	达到资质标准	2

续表

一级指标	二级指标	三级指标	分值（S）	评价标准	得分
经济能力指标（3）	盈利能力（3－2）	近三年招标代理营业收放平均利润率（3－2－2）	2	近3年平均利润率大于等于10%以上	2
				近3年平均利润率在5%（含）~10%之间	1
	偿债能力（3－3）	资产负债率（3－3－1）	12	70%~80%	12
				80%~90%或60%~70%	8
				95%以上或50%以下	4
		流动比率（3－3－2）	8	流动比率在180%~220%之间	8
				流动比率大于220%或小于180%	4
	发展能力（3－4）	近三年总产值平均增长率（3－4－1）	12	10%（含）~15%之间	12
				5%（含）~10%之间	8
				5%以下	4
		近三年利润平均增长率（3－4－2）	10	10%（含）~15%之间	10
				5%（含）~10%之间	6
				5%以下	2
		近三年主营业务收入平均增长率（3－4－3）	12	15%及以上	12
				10%及以上，15%以下	8
				10%以下	4
		新签合同额增长率（3－4－4）	10	新签合同额比上年增长40%及以上	10
				新签合同额比上年增长在20%~40%之间	6
				新签合同额比上年增长10%~20%之间	2
管理能力指标（4）	高层管理者素养（4－1）	企业高层及主要职能部门主管人员的素质（如学历、职称、管理工作年限等）（4－1－1）	30	高级职称且从事工程管理工作10年以上的人数占管理层60%及以上	30
				高级职称且从事工程管理工作10年以上的人数占管理层40%（含）~60%	20
				高级职称且从事工程管理工作10年以上的人数占管理层40%以下	10
	管理制度建设（4－2）	企业规章制度健全、完善（4－2－1）	20	组织结构合理、部门和人员职责分工明确及管理流程清晰合理，不合理的不得分	20
		质量管理体系（4－2－1）	10	通过认证，未通过不得分	10
		环境管理体系（4－2－2）	10	通过认证，未通过不得分	10
		职业健康安全管理体系（4－2－3）	10	通过认证，未通过不得分	10
	管理方法和手段（4－3）	利用互联网和信息系统开展生产管理等情况（4－3－1）	10	建立且50%以上的业务通过互联网完成	10
				建立且50%以下的业务通过互联网完成	0
		其他现代管理方法和手段的利用情况（4－3－2）	10	现代管理方法和手段的使用频率占日常管理与工作的50%以上	10
				使用频率占日常管理与工作的30%（含）~50%	5
				使用频率占日常管理与工作的30%以下	0

续表

一级指标	二级指标	三级指标	分值（S）	评价标准	得分
信用记录指标（5）	客户评价记录（5－1）	主要人员、设备到位情况（5－1－1）	5	主要人员/设备到位率为100%	5
				主要人员/设备到位率为低于100%	0
		关键管理、技术人员的资格和能力（5－1－2）	10	关键管理、技术人员的资格100%符合要求	10
				关键管理、技术人员的资格符合要求度在100%以下	0
		合同履行的结果（如质量、进度完成情况）（5－1－4）	15	履约率100%	15
				履约率90%（含）～100%	10
				履约率90%以下	5
		售后服务及回访记录（5－1－5）	5	有完善的、系统的售后管理体系	5
				无完善的、系统的售后管理体系	0
	行业获奖记录（5－2）	近三年获得省部级以上奖项情况（5－2－1）	15	获国家级奖1项，获省部级奖3项	15
				获省部级奖1～2项，或市级奖3项	10
				获市级奖1～2项	5
		全国性、省级、地级行业协会理事及以上职务（5－2－2）	10	有全国性行业协会理事及以上职务	10
				有省部级行业协会理事及以上职务	5
		近三年内获得省部级以上表彰或表扬（5－2－3）	5	获表扬或表彰3项	5
				获表扬或表彰1～2项	2
	建设主管部门处罚记录（5－3）	企业资质方面不良行为记录（5－3－1）	20	每次不良记录扣2分（X项），情节严重的每次扣3分（Y项），扣完为止。有特别严重违纪记录造成不良影响的一次扣20分 严重违纪违法，受到省级以上主管部门处罚，取消评价资格	20－2・X－3・Y
		建筑市场方面不良行为记录（5－3－2）			
		质量安全方面不良行为记录（5－3－3）			
		受到省、市级建设行政主管部门行政处罚（5－3－4）			
		执业资格人员不良行为记录（5－3－5）			
	社会保障记录（5－4）	社会保障不符合当地政府要求或拖欠社会保险费的记录（5－4－1）	15	每次发生且情况属实扣2分（X项），情节严重的每次扣3分（Y项），扣完为止	15－2・X－3・Y
		非法用工投诉记录（5－4－2）			
		克扣和无故拖欠劳动者工资投诉记录（5－4－3）			
		拖欠社会保险费等不良记录（5－4－4）			
		不履行劳动保护有关规定（5－4－5）			
		不重视职业病防治工作和保障义务等记录（5－4－6）			

续表

<table>
<tr><th>一级指标</th><th>二级指标</th><th>三级指标</th><th>分值（S）</th><th>评价标准</th><th>得分</th></tr>
<tr><td rowspan="12">信用记录指标（5）</td><td rowspan="12">其他信用记录（5－5）</td><td>金融机构信用记录（5－5－1）</td><td rowspan="12">15</td><td rowspan="12">每次扣2分（X项），情节严重的每次扣3分（Y），扣完为止</td><td rowspan="12">15－2・X－3・Y</td></tr>
<tr><td>信贷、担保、抵押、保险等信用记录（5－5－2）</td></tr>
<tr><td>诉讼或仲裁的败诉记录（5－5－3）</td></tr>
<tr><td>检察、公安部门处罚记录（5－5－4）</td></tr>
<tr><td>商业贿赂、欺诈等记录（5－5－5）</td></tr>
<tr><td>工商年检不合格记录（5－5－6）</td></tr>
<tr><td>偷税漏税不良行为记录（5－5－7）</td></tr>
<tr><td>拖欠税款不良行为记录（5－5－8）</td></tr>
<tr><td>使用假发票不良行为记录（5－5－9）</td></tr>
<tr><td>提供虚假财务会计等信息记录（5－5－10）</td></tr>
<tr><td>提供虚假统计报表等信息记录（5－5－11）</td></tr>
<tr><td>高管个人违法乱纪行为记录（5－5－12）</td></tr>
<tr><td rowspan="8">履行社会责任和义务情况（6）</td><td rowspan="2">国内外公益活动（6－1）</td><td rowspan="2">捐款、资助等</td><td rowspan="2">30</td><td>近三年累计出资10万元以上</td><td>30</td></tr>
<tr><td>近三年累计出资3万～10万元</td><td>15</td></tr>
<tr><td rowspan="6">企业社会责任记录（6－2）</td><td rowspan="3">社会责任体系（SA8000）履行程度（6－1－1）</td><td rowspan="3">30</td><td>能完全履行企业社会责任体系（SA8000）</td><td>30</td></tr>
<tr><td>能履行60%（含）～80%</td><td>15</td></tr>
<tr><td>履行60%以下</td><td>0</td></tr>
<tr><td>节能减排、环境保护等（6－2－2）</td><td>20</td><td>有节能减排、环境保护制度且贯彻率100%</td><td>20</td></tr>
<tr><td>履行最低工资标准（6－2－3）</td><td>15</td><td>履行最低工资标准</td><td>15</td></tr>
<tr><td>对职工进行职业培训（6－2－4）</td><td>15</td><td>对职工进行定期的职业培训</td><td>15</td></tr>
</table>

8 施工单位信用评价

8.1 一般规定

8.1.1 本章评价标准（见表6）适用于具有施工、安装资质的单位。

8.1.2 一级指标每项满分100分，计算总分时各一级指标的权重为：基础指标10%；技术能力指标15%；经济能力指标15%；管理能力指标20%；信用记录指标35%；履行社会责任和义务指标5%。

8.1.3 被评价企业出现以下情况取消评价资格或直接评为D级：

（1）发生特大质量安全责任事故。

（2）企业有单位犯罪，或高管团队成员职务犯罪。

（3）安全生产许可证、资质书被吊销、注销。

（4）主要财产被人民法院或行政执法机关查封、冻结，企业无法正常经营。

8.2 基础指标

8.2.1 “企业规模”指标反映企业经营规模，应该包括实收资本、主营业务收入和营业收入等三级指标，应符合下列要求：

（1）注册资本为企业在工商行政管理机关登记认缴的注册资本金，实收资本为企业在工商行政管理机关登记的实际出资到位的资本金。

（2）主营业务收入为企业建筑、安装、装饰装潢等建筑施工承包业务的营业收入，以近三年平均主营业务收入为计算标准。

（3）企业总营业收入按照近三年平均值计算，包括施工企业主营业务收入和其他业务收入。

8.2.2 “人力资源”指标包括企业技术、经营、管理人员占从业人员比例，注册建造师、造价师与其他注册执业人员的比例，人员人均年产值等三级指标。上述各类人员均指在评价时点，与企业建立劳动合同关系的从业人员，并应符合下列要求：

（1）企业技术、经营、管理人员占从业人员比例为持有各类工程技术、经营、管理岗位证书的人员占企业全部人员的比例。

（2）注册建造师、造价师与其他注册执业人员的比例指持有注册建造师、造价师证书的人员与持有其他各类注册证书人员的比例。

（3）人员人均年营业收入为近三年企业营业收入与评价时点总人员的比例。

8.2.3 “经营年限”指标反映企业持续经营能力，应从取得第一项施工资质时起算。

8.3 技术能力指标

8.3.1 “科技能力”指标包括企业设立专门技术和管理研发机构，年度研发经费投入，员工培训及继续教育经费投入，主编或参编国家、行业、地方标准，拥有国家及省级工法，课题研究项目数等三级指标。

8.3.2 “专业技术人员”指标是指企业管理、技术和经营人员在企业总人员中的比例，包括学历指标、职称指标等三级指标。
8.3.3 “设备及装备能力”指标反映企业的机械施工能力和工作设施设备条件，其设备及装备均应是企业自有、自用的设备及装备。

8.4 经济能力指标

8.4.1 “企业经济实力”指标应包括企业总资产、净资产、银行信用评级等三级指标。
8.4.2 “盈利能力”指标应包括主营业务收入、利润、净资产收益率等三级指标。
8.4.3 “偿债能力”指标应包括资产负债率、流动比率等三级指标。
8.4.4 “发展能力”指标应包括近三年主营业务收入平均增长率、近三年利润总额平均增长率、上一年度新签施工合同总额增长率等三级指标。

8.5 管理能力指标

8.5.1 管理能力指标应包括高层管理者素养、管理制度建设、管理方法和手段等三级指标。
8.5.2 “高层管理者素养”指标应包括企业负责人综合素质，企业技术负责人综合素质，企业高管团队综合素质等。其中，企业高管团队中个人职业生涯不良记录，只要团队中有一人有过职业生涯不良记录，团队该项分值即为0分。
8.5.3 “管理制度建设”指标应包括企业管理制度健全、完善情况，是否通过质量管理体系认证，是否通过环境管理体系认证，是否通过职业健康安全管理体系认证等。
8.5.4 “管理方法和手段”指标应包括利用互联网和信息系统开展生产管理等情况，其他现代管理方法和手段的利用情况。

8.6 信用记录指标

8.6.1 信用记录指标应包括客户评价记录、行业获奖记录、建设主管部门处罚记录、社会保障记录和其他信用记录等。
8.6.2 “客户评价记录”指标应包括项目经理、造价人员、技术人员、安全管理人员、质量管理人员的到位情况和职业能力等方面，以及过程管理的水平和效果，合同履行的结果，售后服务及回访记录等。评价单位应建立专门的客户评价实施细则，在客户调研的基础上综合得出相关指标结果。
8.6.3 “行业获奖记录”指标应是近三年获得的省部级及以上的奖项或表彰。
8.6.4 “建设主管部门处罚记录”指标应包括企业资质方面、建筑市场、质量安全方面的不良记录，省市级建设行政主管部门的行政处罚，执业资格人员不良记录。企业各类不良记录，应以近三年情况为考评依据。
8.6.5 “社会保障记录”指标应包括非法用工投诉记录，克扣和无故拖欠劳动者工资投诉记录，拖欠社会保险费不良记录，不重视职业病防治工作和保障义务等记录。
8.6.6 “其他信用记录”指标可包括金融机构不良信用记录，民事和行政诉讼或仲裁的败诉记录，其他行政管理部门给予处罚的记录，政党、社会团体提出的不良记录。刑事犯罪记录，应符合下列规定:

（1）金融机构不良信用记录是指企业在与金融机构发生信贷、担保、抵押、保险等业务过程中被金融机构记载的不良记录。

（2）民事和行政诉讼或仲裁的败诉记录是指企业在民事或行政诉讼（仲裁）中因违约或违法而

被法院或仲裁机构裁决承担责任的记录。

（3）其他行政管理部门给予处罚的记录是指除建设行政主管部门、劳动保障主管部门外，其他如税务、公安、海关、外汇、商务、环保、文物保护、国土资源、工商、监察、审计等行政管理部门给予的行政处罚记录。

（4）政党、社会团体提出的不良记录是指中共和各民主党派各级组织及其部门，中共各级纪委，施工企业参加的各类行业协会，工会、妇联等群众组织提出的不良记录。

（5）刑事犯罪记录是指企业或高管团队在职务活动中因触犯刑法，单位或个人被判处刑罚的记录。

8.7 履行社会责任和义务指标

8.7.1 “履行社会责任和义务”指标应包括参加国内外公益活动和履行企业社会责任记录等。

8.7.2 “国内外公益活动”指标包括参与抢险救灾、慈善公益活动财物捐赠，其他慈善公益宣传活动等。

8.7.3 “企业社会责任记录”指标包括企业履行节能减排、环境保护、资源保护责任等社会公共责任和义务。

表6 施工单位信用评价标准

一级指标	二级指标	三级指标	分值（S）	评价标准	得分
基础指标（1）	企业规模（1－1）	注册资本和实收资本（1－1－1）	10	考核期注册资本和实收资本均达到企业资质标准要求	10
		主营业务收入收入（1－1－2）	15	5亿元以下	13
				5亿元及以上，50亿元以下	14
				50亿元及以上	15
		营业收入（1－1－3）	10	主营业务营业收入占营业收入的比例低于85%	8
				主营业务营业收入占营业收入的比例达到85%及以上	10
	人员（1－2）	工程技术、经营、管理人员占从业人员比例（1－2－1）	25	30%以下	20
				30%及以上	25
		注册建造师与其他注册执业人员（1－2－2）	15	注册建造师符合资质标准要求，其他类注册人员占注册人员的比例5%以下	13
				注册建造师符合资质标准要求，其他类注册人员占注册人员的比例5%以上	15
		人员人均年产值（1－2－3）	15	50万元以下	10
				50万元及以上，100万元以下	12
				100万元及以上，150万元以下	13
				150万元及以上，200万元以下	14
				200万元及以上	15
	经营年限（1－3）	建筑业施工年限（1－3－1）	10	5年以下	6
				5年及以上，10年以下	8
				10年及以上	10

续表

一级指标	二级指标	三级指标	分值（S）	评价标准	得分
技术能力指标（2）	科技能力（2－1）	企业设立专门的技术或管理研发机构（2－1－1）	20	企业自身设立专门的技术或管理研发机构，制度健全	15
				企业研发机构获得省级技术中心认定	20
		年度研发经费投入（2－1－2）	10	年度研发经费投入占企业年建筑业施工产值比率0.5%以下或低于500万元	8
				年度研发经费投入占建筑业施工产值比率0.5%及以上或高于500万元	10
		员工培训及继续教育经费投入（2－1－3）	10	年人均投入1000元以下	8
				年人均投入1000元及以上，2000元以下	9
				年人均投入2000元及以上	10
		主编或参与编制国家、行业、地方标准（2－1－4）	8	参编或主编国家、行业标准每项得8分（X项），主编地方标准每项得6分，参编地方标准每项得4分（Y项）	X·8＋Y·（6、4）
		拥有国家级或省级工法（2－1－5）	8	拥有有效国家级工法每项得8分（X项），拥有有效省级工法每项得4分（Y项）	X·8＋Y·4
		课题研究项目数（2－1－6）	8	申请获得国家、省部级或地方政府研发课题（非企业设立课题）每项得3分（X项），企业设立的研究课题每项得1分（Y项）	X·3＋Y·1
	专业技术人员（2－2）	学历指标（占企业管理人员的比例）（2－2－1）	10	大学专科及以上学历占50%以下	8
				大学专科及以上学历占50%及以上	10
		职称指标（与1－2－1从业人员比例）（2－2－2）	10	中级及以上职称占40%以下	8
				中级及以上职称占40%及以上	10
	设备及装备能力（2－3）	工程机械设备配置（2－3－1）	8	企业自有装备满足业务需要	0～8
		办公用房、设备、计算机、软件等设备设施状况（2－3－2）	8	设备设施基本满足日常工作需要	0～3
				配备了计算机和相应的工作软件	0～5
经济能力指标（3）	企业经济实力（3－1）	总资产（3－1－1）	10	注册资本金的2倍以下	9
				注册资本金的2倍及以上	10
		净资产（3－1－2）	10	注册资本金的1.2倍以下	9
				注册资本的1.2倍及以上	10
		银行信用评级（3－1－3）	10	AAA级	10
				AA级	8
				A级	7
				BBB、BB级	5
				B级	4
	盈利能力（3－2）	主营业务收入利润率（3－2－1）	10	1.5%以下	8
				1.5%及以上	10
		净资产收益率（3－2－2）	10	4%以下	8
				4%及以上	10
	偿债能力（3－3）	资产负债率（3－3－1）	10	80%及以上	8
				80%以下	10

续表

一级指标	二级指标	三级指标	分值（S）	评价标准	得分
经济能力指标（3）	偿债能力（3－3）	流动比率（3－3－2）	10	20% 以上	8
				20% 及以下	10
	发展能力（3－4）	近三年主营业务平均增长率（3－4－1）	10	5% 以下	8
				5% 及以上	10
		近三年利润总额平均增长率（3－4－2）	10	2% 以下	8
				2% 及以上	10
		上一年度新签施工合同总额增长率（3－4－3）	10	10% 以下	8
				10% 及以上	10
管理能力指标（4）	高层管理者素养（4－1）	企业负责人综合素质评价（4－1－1）	15	见附表	6 ~ 15
		企业技术负责人综合素质评价（4－1－2）	15	见附表	5 ~ 15
		企业高管团队综合素质评价（4－1－3）	25	见附表	7 ~ 25
	管理制度建设（4－2）	企业规章制度健全、完善（4－2－1）	12	企业经营、生产、安全、质量、人事、财务等规章制度健全完善	12
				企业经营、生产、安全、质量、人事、财务等规章制度缺项，缺一项扣 2 分	0 ~ 10
		是否通过质量管理体系认证（4－2－2）	6	通过认证	6
				未通过认证	0
		是否通过环境管理体系认证（4－2－3）	6	通过认证	6
				未通过认证	0
		是否通过职业健康安全管理体系认证（4－2－4）	6	通过认证	6
				未通过认证	0
	管理方法和手段（4－3）	利用互联网和信息系统开展生产管理等情况（4－3－1）	12	能基本运用信息化管理系统对企业的经营、生产、人事、行政等进行管理	0 ~ 4
				能基本运用财务管理软件对企业日常财务工作进行管理	0 ~ 4
				能基本运用互联网对正在实施的项目进行企业层级的日常监管	0 ~ 4
		其他现代管理方法和手段的利用情况（4－3－2）	3	是否有利用其他现代管理方法和手段的情况	0 ~ 3

续表

<table>
<tr><th>一级指标</th><th>二级指标</th><th>三级指标</th><th>分值（S）</th><th>评价标准</th><th>得分</th></tr>
<tr><td rowspan="24">信用记录指标（5）</td><td rowspan="12">客户评价记录（5－1）</td><td rowspan="3">施工项目负责人、技术负责人和其他管理人员到位情况和职业能力（5－1－1）</td><td rowspan="3">5</td><td>差</td><td>3</td></tr>
<tr><td>中</td><td>4</td></tr>
<tr><td>好</td><td>5</td></tr>
<tr><td rowspan="3">过程管理的水平和效果（如过程中质量、进度完成情况及安全文明施工情况）（5－1－2）</td><td rowspan="3">5</td><td>差</td><td>3</td></tr>
<tr><td>中</td><td>4</td></tr>
<tr><td>好</td><td>5</td></tr>
<tr><td rowspan="3">合同履行的结果（如质量、进度完成情况）（5－1－3）</td><td rowspan="3">5</td><td>差</td><td>3</td></tr>
<tr><td>中</td><td>4</td></tr>
<tr><td>好</td><td>5</td></tr>
<tr><td rowspan="3">售后服务及回访记录（5－1－4）</td><td rowspan="3">5</td><td>差</td><td>3</td></tr>
<tr><td>中</td><td>4</td></tr>
<tr><td>好</td><td>5</td></tr>
<tr><td rowspan="2">行业获奖记录（5－2）</td><td>近三年获得省部级以上工程质量奖情况（5－2－1）</td><td>10</td><td>每个国家级获奖项目得3分（X项），每个省部级奖项得2分（Y项）</td><td>X·3＋Y·2</td></tr>
<tr><td>近三年内获得省部级以上的表彰（5－2－2）</td><td>10</td><td>每个国家级获奖项目得3分（X项），每个省部级奖项得2分（Y项）</td><td>X·3＋Y·2</td></tr>
<tr><td rowspan="5">建设主管部门处罚记录（5－3）</td><td>企业资质方面不良行为记录（5－3－1）</td><td rowspan="5">30</td><td rowspan="5">每次不良记录扣5分（X项），情节严重的每次扣8分（Y项），扣完为止；发生特别重大事故扣30分，重大事故扣10分，扣完为止</td><td rowspan="5">30－5·X－8·Y</td></tr>
<tr><td>建筑市场方面不良行为记录（5－3－2）</td></tr>
<tr><td>质量安全方面不良行为记录（5－3－3）</td></tr>
<tr><td>受到省、市级建设行政主管部门行政处罚（5－3－4）</td></tr>
<tr><td>执业资格人员不良行为记录（5－3－5）</td></tr>
<tr><td rowspan="4">社会保障记录（5－4）</td><td>非法用工投诉记录（5－4－1）</td><td rowspan="4">15</td><td rowspan="4">每次发生且情况属实扣2分（X项），情节严重的每次扣3分（Y项），扣完为止</td><td rowspan="4">15－2·X－3·Y</td></tr>
<tr><td>克扣和无故拖欠劳动者工资投诉查实记录（5－4－2）</td></tr>
<tr><td>拖欠社会保险费不良记录（5－4－3）</td></tr>
<tr><td>不重视职业病防治工作和保障义务等记录（5－4－4）</td></tr>
</table>

续表

一级指标	二级指标	三级指标	分值（S）	评价标准	得分
信用记录指标（5）	其他信用记录（5－5）	金融机构信用记录（信贷、担保、抵押、保险等）（5－5－1）	15	每次发生且情况属实扣2分（X项），情节严重的每次扣3分（Y），扣完为止	15－2·X－3·Y
		民事和行政诉讼或仲裁的败诉记录（5－5－2）			
		其他行政管理部门处罚记录（5－5－4）			
		政党、社会团体提出的不良记录（5－5－5）			
		刑事犯罪记录（5－5－6）		单位犯罪或高管团队的职务犯罪，一经确认，即取消评级或直接评为D级	
履行社会责任和义务情况（6）	国内外公益活动（6－1）	参与抢险救灾、慈善公益活动财物捐赠捐助、其他慈善公益宣传等活动（6－1－1）	50	参与该类活动每次得10分	X·10
	企业社会责任记录（6－2）	企业履行节能减排、保护环境、资源保护责任等社会公共责任和义务（6－2－1）	50	参与该类活动每次得10分	X·10

9 工程监理单位信用评价

9.1 一般规定

9.1.1 本章评价标准（见表7）适用于具有工程监理资质的单位。

9.1.2 一级指标共六项，每项满分100分。计算总分时各一级指标的权重为：基础指标10%；技术能力指标15%；经济能力指标15%；管理能力指标15%；信用记录指标40%；履行社会责任和义务情况5%。

9.1.3 被评价企业出现以下违法违规行为之一，可取消信用评价或直接评为D级：

（1）出借资质、允许其他单位或个人以本单位名义投标或承揽工程。

（2）以他人名义投标或弄虚作假骗取中标资格。

（3）以行贿或其他违法形式骗取中标资格。

（4）存在围标、串标等行为。

（5）因监理单位原因造成特大质量安全责任事故。

（6）在申请资质许可、定期检验、资质复查及变更等过程中采用弄虚作假等手段获取监理资质。

（7）企业被司法机关认定有行贿、受贿行为，并构成犯罪。

9.2 基础指标

9.2.1 基础指标包括企业规模、人力资源和经营年限等二级指标。

9.2.2 “企业规模”指标应包括注册资本、工程监理业务营业收入和企业总营业收入等三级指标，应符合下列要求：

（1）注册资本为企业在工商行政管理机关登记的实际出资到位注册资本金。

（2）工程监理业务营业收入和企业总营业收入按照近三年平均值计算。

9.2.3 “人力资源”指标应包括监理从业人员数量、注册监理工程师与监理从业人员比例、注册监理工程师与各类注册执业工程师比例、监理人员人均年营业收入等三级指标，应符合下列要求：

（1）监理从业人员是指在本企业从事监理工作的各类人员的总数。

（2）注册监理工程师是指取得国家监理工程师执业资格证书，并在主管部门注册的监理人员。

（3）各类注册执业工程师是指取得国家执业资格证书，并在主管部门注册的各类执业人员。

（4）监理人员人均年营业收入为近三年平均值。

9.2.4 “经营年限”指标是指企业从事监理业务年限，应从取得第一项监理资质的年份起算。

9.3 技术能力指标

9.3.1 技术能力指标包括科技开发能力、专业技术人员、设备及装备能力等二级指标。

9.3.2 “科技开发能力”指标应包括主编或参与编制国家、行业、地方标准，企业或在编员工获得国家、省/部级科技进步奖，企业设立专门的技术或管理研发机构，课题研究项目数，年度研发经费投入，科研成果及期刊发表的论文数等三级指标，应符合下列要求：

（1）年度研发经费投入仅包括企业直接投入的研发经费，研发方向应当与监理业务相关。

（2）科研成果及期刊发表的论文数应取近三年内发表的数量，行业核心期刊可作为国家核心期刊计算。
9.3.3 “专业技术人员”指标应包括员工培训及继续教育经费投入、学历（与监理从业人员比例）、职称（与监理从业人员比例）和注册监理工程师数量等三级指标。
9.3.4 “设备及装备能力”指标应包括工程测量监理复核设备、常规检测设备配置，办公用房、设备、计算机、软件等设备设施状况等三级指标。

9.4 经济能力指标

9.4.1 经济能力指标包括企业经济实力、盈利能力、偿债能力和发展能力等二级指标。
9.4.2 “企业经济状况”指标应包括总资产和净资产等三级指标。
9.4.3 “盈利能力”指标应包括主营业务收入利润率和净资产收益率等三级指标。
9.4.4 “偿债能力”指标应包括资产负债率和流动比率等三级指标。
9.4.5 “发展能力”指标应包括近三年总营业收入平均增长率、近三年净资产平均增长率、近三年利润总额平均增长率、近三年监理业务收入平均增长率和上一年度新签合同总额增长率等三级指标。

9.5 管理能力指标

9.5.1 管理能力指标包括高层管理者素养、管理制度建设、管理方法和手段等二级指标。
9.5.2 “高层管理者素养”指标应包括企业负责人综合素质、企业技术负责人综合素质和企业高管层团队综合素质等三级指标，应符合下列要求：

（1）企业负责人是指企业的法定代表人、董事长或总经理等对企业日常经营管理行使实际决策控制权的负责人。担任企业中层以上经营管理工作年限是指在担任企业负责人之前在同等同类规模企业中担任管理部门负责人或分支机构负责人的工作年限。

（2）企业技术负责人是指担任企业技术、研发管理的负责人。担任企业中层以上技术管理工作年限，是指在担任企业技术负责人之前在同等同类规模企业中担任技术管理管理部门负责人或分支机构技术负责人的工作年限。

（3）企业高管层管理团队是指由经营、生产、技术、人事、行政、财务、监管及各分公司总经理（区域主管）等高管层人员组成的团队。

9.5.3 “管理制度建设”指标应包括企业规章制度健全、完善，是否通过质量管理体系认证，是否通过环境管理体系认证，是否通过职业健康安全管理体系认证等三级指标。
9.5.4 “管理方法和手段”指标应包括利用互联网和信息系统开展生产管理等情况、其他现代管理方法和手段的利用情况等三级指标。

9.6 信用记录指标

9.6.1 信用记录指标包括客户评价记录、获奖记录、建设主管部门处罚记录、社会保障记录和其他信用记录等二级指标。
9.6.2 “客户评价记录”指标应包括项目主要监理人员配备及到位情况，关键管理、技术人员的资格和能力，过程管理的水平和效果，合同履行的结果，履行监理职责情况，售后服务及回访记录等三级指标。
9.6.3 获奖记录指标应包括近三年获得省部级以上工程质量奖情况和近三年内获得省部级以上表彰或表扬等三级指标。
9.6.4 建设主管部门处罚记录应包括企业资质方面不良行为记录，建筑市场方面不良行为记录，质量安全方面不良行为记录，受到省、市级建设行政主管部门行政处罚，执业资格人员不良行为记录等三级指标。

9.6.5 社会保障记录指标应包括非法用工投诉记录、克扣和无故拖欠劳动者工资投诉记录、拖欠社会保险费不良记录、不重视职业病防治工作和保障义务记录等三级指标。

9.6.6 其他信用记录指标应包括金融机构信用不良记录，诉讼或仲裁的败诉记录，纪委、监察部门提出的不良记录，检察、公安部门处罚记录，工商行政主管部门不良记录，审计部门不良记录，税务部门不良记录等三级指标。

9.7 履行社会责任和义务指标

9.7.1 履行社会责任和义务指标包括参加国内外公益活动和履行企业社会责任记录等二级指标。

9.7.2 国内外公益活动可包括企业近五年参与救灾、物资捐赠、慈善公益宣传等活动。

9.7.3 企业社会责任记录可包括企业履行节能减排、保护环境、资源保护责任等社会公共责任和义务。

表7 工程监理单位信用评价标准

一级指标	二级指标	三级指标	分值（S）	评价标准	得分
基础指标（1）	企业规模（1－1）	注册资本（1－1－1）	10	不符合企业资质管理标准	0
				符合企业资质管理标准	10
		工程监理业务营业收入（1－1－2）	15	1000万元以下	10
				1000万元及以上，3000万元以下	12
				3000万元及以上，1亿元以下	13
				1亿元及以上	15
		企业总营业收入（1－1－3）	10	达到工程监理业务营业收入2倍以上	8
				达到工程监理业务营业收入1.5倍以上，2倍及以下	9
				达到工程监理业务营业收入1.5倍及以下	10
	人员（1－2）	监理从业人员数量（1－2－1）	15	100人及以下	8
				100人以上，300人及以下	10
				300人以上，600人及以下	13
				600人以上	15
		注册监理工程师与监理从业人员比例（1－2－2）	15	10%及以下	8
				10%以上，15%及以下	10
				15%以上，20%及以下	12
				20%以上	15
		注册监理工程师与各类注册执业工程师比例（1－2－3）	10	30%及以下	7
				30%以上，40%及以下	8
				40%以上，50%及以下	9
				50%以上	10
		监理人员人均年营业收入（1－2－4）	15	8万元以下	8
				8万元及以上，10万元以下	10
				10万元及以上，12万元以下	12
				12万元及以上，15万元以下	13
				15万元元及以上	15
	经营年限（1－3）	从事监理业务年限（1－3－1）	10	5年以下	6
				5年及以上，10年以下	8
				10年及以上	10

续表

一级指标	二级指标	三级指标	分值（S）	评价标准	得分
技术能力指标（2）	科技开发能力（2－1）	主编或参与编制国家、行业、地方标准（2－1－1）	6	参与或主编国家、行业标准编制每项得2分（X项），地方标准得每项得1分（Y项），最多得6分	X·2＋Y·1
		企业或在编员工获得国家、省/部级科技进步奖（2－1－2）	6	获国家级奖项每项得2分（X项），获省部级奖每项项得1分（Y项），最多得6分	X·2＋Y·1
		企业设立专门的技术或管理研发机构（2－1－3）	6	企业仅自身设立专门技术或管理研发机构	3
				取得省部级相关管理机构核准而设立专门的研发机构	6
		课题研究项目数（2－1－4）	4	申请获得国家、省部级或地方政府研发课题（非企业设立课题）每项2分（X项），最多得4分	X·2
			2	企业设立的研究课题每项等1分（X项），最多得2分	X·1
		年度研发经费投入（2－1－5）	8	年度研发经费投入与企业年营业收入比率为0.5%或10万元以下	4
				年度研发经费投入与企业年营业收入比率为0.5%～1%或20万元以上	6
				年度研发经费投入与企业年营业收入比率为1%～2%或40万元以上	7
				年度研发经费投入与企业年营业收入比率为2%以上或50万元以上	8
		科研成果及期刊发表的论文（2－1－6）	8	在国家级核心期刊或报刊发表的与业务领域相关的论文每篇得2分（X项），最高为8分	X·2
				在行业内认可的正式期刊发表的与业务领域相关的论文每篇得1分（X项），最高为8分	X·1
				与业务领域相关的编著或专著，每本得3分（X项），最高为8分	X·3
				通过评审论证通过的科研成果，每项得2分（X项），最高为8分	X·2
		员工培训及继续教育经费投入（2－1－7）	10	年人均投入1000元以下	6
				年人均投入1000元及以上，2000元以下	8
				年人均投入2000元及以上	10
	专业技术人员（2－2）	学历（与监理从业人员比例）（2－2－1）	10	大专及以上学历占50%以下	6
				大专及以上学历占50%及以上，70%以下	8
				大专及以上学历占70%及以上	10
		职称（与监理从业人员比例）（2－2－2）	10	初、中级及以上职称占40%以下	5
				初、中级及以上职称占40%及以上，55%以下	7
				初、中级及以上职称占55%及以上，70%以下	8
				初、中级及以上职称占70%及以上	10
			2	中级职称及以上占40%及以上	2
			3	高级职称占20%及以上	3
		注册监理工程师数量（2－2－3）	15	达到企业监理资质管理标准	10
				达到企业监理资质管理标准1.2倍以上	12
				达到企业监理资质管理标准1.5倍以上，2倍及以下	14
				达到企业监理资质管理标准2倍以上	15
	设备及装备能力（2－3）	工程测量监理复核设备、常规检测设备配置（2－3－1）	5	企业配备缺失，不能满足项目监理的复核、检测需要	0
				企业配备不齐，但能基本满足项目监理的复核、检测需要	3
				企业配备齐全，能满足项目监理的复核、检测需要	5
		办公用房、设备、计算机、软件等设备设施状况（2－3－2）	5	设备设施基本满足日常工作需要，但企业管理未应用管理软件进行管理	3
				设备设施基本满足日常工作需要，企业管理已应用管理软件进行管理	5

续表

一级指标	二级指标	三级指标	分值（S）	评价标准	得分
经济能力指标（3）	企业经济状况（3－1）	总资产（3－1－1）	5	1000 万元以下	2
				1000 万元及以上，2000 万元以下	3
				2000 万元及以上，4000 万元以下	4
				4000 万元及以上	5
		净资产（3－1－2）	5	500 万元以下	3
				500 万元及以上，1000 万元以下	4
				1000 万元及以上	5
	盈利能力（3－2）	主营业务收入利润率（3－2－1）	10	4% 以下	6
				4% 及以上，6% 以下	8
				6% 及以上，8% 以下	9
				8% 及以上	10
		净资产收益率（3－2－2）	10	4% 以下	6
				4% 及以上，7% 以下	8
				7% 及以上，10% 以下	9
				10% 及以上	10
	偿债能力（3－3）	资产负债率（3－3－1）	10	70% 以上	6
				50% 以上，70% 及以下	8
				50% 及以下	10
		流动比率（3－3－2）	10	30% 以上	6
				30% 及以下，20% 以上	8
				20% 及以下	10
	发展能力（3－4）	近三年总营业收入平均增长率（3－4－1）	10	5% 以下	6
				5% 及以上，10% 以下	8
				10% 及以上	10
		近三年净资产平均增长率（3－4－2）	10	2% 以下	6
				2% 及以上，5% 以下	8
				5% 及以上	10
		近三年利润总额平均增长率（3－4－3）	10	2% 以下	6
				2% 及以上，5% 以下	8
				5% 及以上	10
		近三年监理业务收入平均增长率（3－4－4）	10	5% 以下	6
				5% 及以上，8% 以下	8
				8% 及以上	10
		上一年度新签监理合同总额增长率（3－4－5）	10	8% 以下	6
				8% 及以上，15% 以下	8
				15% 及以上	10

续表

一级指标	二级指标	三级指标	分值（S）	评价标准		得分
管理能力指标（4）	高层管理者素养（4－1）	企业负责人综合素质（4－1－1）	15	学历	大学以下	1
					大学及以上	2
				职称	初级及以下	1
					中级	2
					高级	3
				监理行业工作年限	5 年以下	2
					5 年及以上，10 年以下	3
					10 年及以上	4
				担任企业中层以上经营管理工作年限	5 年及以下	2
					5 年以上，10 年及以下	3
					10 年及以上	4
				个人职业生涯不良记录	有	0
					无	2
		企业技术负责人综合素质（4－1－2）	15	学历	大学以下	1
					大学及以上	2
				职称	初级	1
					中级及以下	2
					高级	3
				监理持证状况	无	0
					有注册监理工程师证书	2
				监理行业工作年限	5 年以下	1
					5 年及以上，10 年以下	2
					10 年及以上	3
				担任企业中层以上技术管理工作年限	5 年及以下	1
					5 年以上，10 年及以下	2
					10 年及以上	3
				个人职业生涯不良记录	有	0
					无	2
		企业高管层团队综合素质（4－1－3）	25	平均学历	大学以下	1
					大学及以上	2
				平均职称	初级	1
					中级及以下	2
					高级	3
				平均监理行业工作年限	5 年以下	2
					5 年及以上，10 年以下	3
					10 年及以上	4
				担任企业中层以上管理工作的平均年限	5 年及以下	2
					5 年以上，10 年及以下	3
					10 年及以上	4

续表

一级指标	二级指标	三级指标	分值（S）	评价标准		得分
管理能力指标（4）	高层管理者素养（4－1）	企业高管层团队综合素质（4－1－3）	25	团队组织结构状况	结构不合理，职能分工不明确	1
					结构合理，职能分工不明确	2
					结构合理、管理职能分工明确	4
				监理主管持证状况	无	0
					有注册监理工程师证书	2
				人事主管持证状况	无	0
					有人力资源管理师证书	2
				财务主管持证状况	无	0
					有注册会计师资格证书	2
				团队中个人职业生涯不良记录	有	0
					无	2
	管理制度建设（4－2）	企业规章制度健全、完善（4－2－1）	12	企业经营、生产、安全、质量、人事、财务等规章制度齐全得12分，缺一项扣2分（X项），扣完为止		12－X·2
		是否通过质量管理体系认证（4－2－2）	6	未通过认证		0
				通过认证		6
		是否通过环境管理体系认证（4－2－3）	6	未通过认证		0
				通过认证		6
		是否通过职业健康安全管理体系认证（4－2－4）	6	未通过认证		0
				通过认证		6
	管理方法和手段（4－3）	利用互联网和信息系统开展生产管理等情况（4－3－1）	4	没有运用办公自动化（OA）对企业的经营、生产、人事、行政等进行管理		0
				能基本运用办公自动化（OA）对企业的经营、生产、人事、行政等进行管理		4
			4	没有运用财务管理软件对企业日常财务工作进行管理		0
				能基本运用财务管理软件对企业日常财务工作进行管理		4
			4	没有运用互联网对正在实施的监理项目进行企业层级的日常监管		0
				能基本运用互联网对正在实施的监理项目进行企业层级的日常监管		4
		其他现代管理方法和手段的利用情况（4－3－2）	3	没有利用其他现代管理方法和手段的情况		0
				有利用其他现代管理方法和手段的情况		3
信用记录指标（5）	客户评价记录（5－1）	项目主要监理人员配备及到位情况（5－1－1）	5	差		1
				一般		2
				中		3
				较好		4
				好		5
		关键管理、技术人员的资格和能力（5－1－2）	5	不能完全胜任工作		2
				一般		3
				能胜任工作		5

续表

一级指标	二级指标	三级指标	分值（S）	评价标准	得分
信用记录指标（5）	客户评价记录（5－1）	过程管理的水平和效果（5－1－3）	5	差	1
				一般	2
				中	3
				较好	4
				好	5
		合同履行结果（5－1－4）	5	差	1
				一般	2
				中	3
				较好	4
				好	5
		履行监理职责情况（5－1－5）	5	差	2
				一般	3
				好	5
		售后服务及回访记录（5－1－6）	5	差	2
				一般	3
				好	5
	获奖记录（5－2）	近三年获得省部级以上工程质量奖情况（5－2－1）	10	每个获奖项目得2分（X项），最多得10分	X·2
		近三年内获得省部级以上表彰或表扬（5－2－2）	10	每个获奖项目得2分（X项），最多得10分	X·2
	建设主管部门处罚记录（5－3）	企业资质方面不良行为记录（5－3－1）	20	每次不良记录，扣2分（X项），扣完为止；因监理原因发生重大事故的，每次扣10分，扣完为止。	20－X·2
		建筑市场方面不良行为记录（5－3－2）			
		质量安全方面不良行为记录（5－3－3）			
		受到省、市级建设行政主管部门行政处罚（5－3－4）			
		执业资格人员不良行为记录（5－3－5）			
	社会保障记录（5－4）	非法用工投诉记录（5－4－1）	16	每次发生且情况属实扣2分（X项），扣完为止	16－X·2
		克扣和无故拖欠劳动者工资投诉记录（5－4－2）			
		拖欠社会保险费不良记录（5－4－3）			
		不重视职业病防治工作和保障义务等记录（5－4－4）			

续表

一级指标	二级指标	三级指标	分值（S）	评价标准	得分
信用记录指标（5）	其他信用记录（5－5）	金融机构信用不良记录（信贷、担保、抵押、保险等）（5－5－1）	14	每次发生且情况属实扣2分（X项），扣完为止	14－X·2
		诉讼或仲裁的败诉记录（5－5－2）			
		纪委、监察部门提出的不良记录（5－5－3）			
		受检察、公安部门部门的处罚记录（5－5－4）			
		工商行政主管部门提出的不良记录（5－5－5）			
		审计部门提出的不良记录（5－5－6）			
		税务部门提出的不良记录（5－5－7）			
履行社会责任和义务情况（6）	国内外公益活动（6－1）	企业近五年参与救灾、物资捐赠、慈善公益宣传等活动（6－1－1）	50	参与该类活动每次得10分，最多得50分	X·10
	企业社会责任记录（6－2）	企业履行节能减排、保护环境、资源保护责任等社会公共责任和义务（6－2－1）	50	参与该类活动每次得10分，最多得50分	X·10

10 造价咨询单位信用评价

10.1 一般规定

10.1.1 本章评价标准（见表8）适用于建筑行业造价咨询单位。

10.1.2 一级指标每项100分，计算总分时各一级指标的权重为：基础指标10%；技术能力指标15%；经济能力指标15%；管理能力指标15%；信用记录指标40%；履行社会责任和义务指标5%。

10.1.3 被评价企业出现以下情况取消评价资格或直接评为D级：

（1）注册资本金不符合甲级≥100万元，乙级≥50万元的。

（2）注册造价师数不符合甲级≥10人，乙级≥6人的。

（3）专职专业人员数不符合甲级≥20人，乙级≥12人的。

（4）拒绝接受造价管理机构监督检查或拒绝提供反映活动情况真实材料的。

（5）未取得工程造价咨询企业资质从事工程造价咨询活动或者超越资质等级承接工程造价咨询业务的。

（6）以隐瞒、欺骗、贿赂等不正当手段取得工程造价咨询企业资质的。

（7）企业未通过工商年检或者资质续期考核未通过的。

10.2 基础指标

10.2.1 基础指标应包括企业规模、人力资源、经营年限等二级指标。

10.2.2 “企业规模”指标反映企业经营规模，应包括注册资本金、办公场所、造价咨询年营业收入等三级指标，应符合下列要求：

（1）企业资质等级为《工程造价咨询企业管理办法》中明确规定的企业资质等级。

（2）注册资本为企业在工商行政管理机关登记的实际出资到位注册资本金。

10.2.3 人力资源指标应包括注册造价工程师数、专职专业人员数、技术负责人从事造价工作年限等三级指标，应符合下列要求：

（1）注册造价工程师数指持有注册造价师证书的人员数量。

（2）专职专业人员数指持有各类工程技术、经营、管理岗位证书的人员。

10.2.4 “经营年限”指标包括从事造价业务年限等三级指标，应从取得第一项造价咨询业务算起。

10.3 技术能力指标

10.3.1 技术能力指标应包括科技开发能力、专业技术人员、设备及装备能力等二级指标。

10.3.2 “科技开发能力”指标包括主编或参与编制国家、行业、地方标准（规范），课题研究项目数，年度研发经费投入，科研成果，员工培训经费投入等三级指标，应符合下列要求：

（1）课题研究项目数应取近三年申请获得且正在研究的课题数。

（2）年度研发经费投入应按年度直接投入的研发费用计算。

（3）科研成果应按近三年的成果计算。

（4）员工培训经费投入应是企业直接用于员工培训和继续教育的每人、每年平均费用。

10.3.3 “专业技术人员”指标包括学历结构、职称结构等三级指标。

10.3.4 “设备及装备能力”指标包括办公用房、设备、计算机、软件等设备设施状况等三级指标，其设备、计算机、软件等设备设施均应是企业自有、自用的设备及装备。

10.4 经济能力指标

10.4.1 经济能力指标应包括企业经济实力、盈利能力、偿债能力和发展能力等二级指标。
10.4.2 “企业经济实力”指标应包括总资产、净资产等三级指标。
10.4.3 “盈利能力”指标应包括造价咨询业务收入利润率、净资产收益率等三级指标。
10.4.4 “偿债能力”指标应包括资产负债率、流动比率等三级指标。
10.4.5 “发展能力”指标应包括总产值平均增长率、净资产平均增长率、利润总额平均增长率、造价咨询业务收入平均增长率、上一年度新签造价合同总额增长率等三级指标。

10.5 管理能力指标

10.5.1 管理能力指标应包括高层管理者素养、管理制度建设、管理方法和手段等二级指标。
10.5.2 “高层管理者素养”指标应包括企业负责人综合素质、企业技术负责人综合素质、企业高管层团队综合素质等三级指标，应符合以下标准：

（1）企业高管层团队应包括经营、生产、技术、人事、行政、财务、监管及各分公司总经理（区域主管）等高管层人员。

（2）平均学历应按团队中同一学历最多的学历计算。

（3）平均职称应按团队中同一职称人数最多的职称计算。

（4）平均行业工作年限应按团队中个人累计行业工作年限除以团队人数计算。

10.5.3 “管理制度建设”指标应包括是否通过 ISO 质量管理体系认证、是否缴纳职业责任保险等三级指标。
10.5.4 “管理方法和手段”指标应包括利用互联网和信息系统开展生产管理等情况、其他现代管理方法和手段的利用情况等三级指标。

10.6 信用记录指标

10.6.1 信用记录指标应包括客户评价记录、企业良好行为记录、建设主管部门处罚记录、社会保障记录和其他不良信用记录等二级指标。
10.6.2 “客户评价记录”指标应包括咨询服务的成果评价、咨询服务的人员技术水平和职业道德、咨询服务的及时性和规范性、合同履约程度、咨询服务收费合理性等三级指标。
10.6.3 “企业良好行为记录”指标应是近三年获得的奖项或表彰。
10.6.4 “建设行政主管部门处罚记录”指标应包括企业资质方面不良行为记录，承揽业务方面不良记录，合同履约方面不良记录，收到省、市级建设行政主管部门行政处罚，执业资格人员不良行为记录等三级指标。
10.6.5 “社会保障记录”指标应包括非法用工投诉记录、克扣和无故拖欠员工工资投诉记录和拖欠社会保险费不良记录等三级指标。
10.6.6 “其他不良信用记录”指标应包括金融机构不良信用记录，诉讼或仲裁的败诉记录，纪委、监察部门提出的不良记录，检察、公安部门处罚记录，工商行政主管部门不良记录，审计部门不良记录，税务部门不良记录等三级指标，应符合下列规定：

（1）金融机构不良信用记录是指企业在与金融机构发生信贷、担保、抵押、保险等业务过程中被金融机构记载的不良记录。

（2）民事和行政诉讼或仲裁的败诉记录是指企业在民事或行政诉讼（仲裁）中因违约或违法而被法院或仲裁机构裁决承担责任的记录。

（3）其他行政管理部门给予处罚的记录是指除建设行政主管部门、劳动保障主管部门外，其他如税务、公安、海关、外汇、商务、环保、文物保护、国土资源、工商、监察、审计等行政管理部门给予的行政处罚记录。

（4）政党、社会团体提出地不良记录是指中共和各民主党派各级组织及其部门，中共各级纪委，施工企业参加的各类行业协会，工会、妇联等群众组织提出的不良记录。

（5）刑事犯罪记录是指企业或高管团队在职务活动中因触犯刑法，单位或个人被判处刑罚的记录。

10.7 履行社会责任和义务指标

10.7.1 履行社会责任和义务指标应包括国内外公益活动、企业社会责任记录等二级指标。

10.7.2 “国内外公益活动”指标应以近五年的记录为评价标准。

10.7.3 “企业社会责任记录”指标应包括企业履行节能减排、保护环境、资源保护责任等活动。

表8 造价咨询单位信用评价标准

一级指标	二级指标	三级指标	分值（S）	评价标准	得分
基础指标（1）	企业规模（1－1）	注册资本金（1－1－2）	10	不符合≥100…≥50的要求	0
				符合“甲级≥100万元；乙级≥50万元”的要求	10
		办公场所（1－1－3）	10	不符合“甲级≥200平方米，乙级≥120平方米”的要求	0
				符合“甲级≥200平方米，乙级≥120平方米”的要求	10
		造价咨询年营业收入（1－1－4）	15	1000万元以下	10
				1000万元及以上，3000万元以下	12
				3000万元及以上，5000万元以下	13
				5000万元及以上	15
	人力资源（1－2）	注册造价工程师数（1－2－1）	20	注册造价师数符合“10人≤甲级<13人；6人≤乙级<8人”的要求者	10
				注册造价师数符合“13人≤甲级≤16人，8人≤乙级≤10人”的要求者	15
				注册造价师数符合“甲级>16人；乙级>10人”的要求者	20
		专职专业人员数（1－2－2）	20	专职专业人员数符合“20人≤甲级<25人；12人≤乙级<15人”的要求者	10
				专职专业人员数符合“25人≤甲级≤30人；15人≤乙级≤18人”的要求者	15
				专职专业人员数符合“甲级>30人；乙级>18人”的要求者	20
		技术负责人从事造价工作年限（1－2－3）	10	技术负责人从事造价工作年限不符合“甲级≥15年；乙级≥10年”的要求者	0
				技术负责人从事造价工作年限符合“15年≤甲级≤20年；10年≤乙级≤15年”的要求者	5
				技术负责人从事造价工作年限符合“甲级>20年；乙级>15年”的要求者	10
	经营年限（1－3）	从事造价业务年限（1－3－1）	15	5年以下	5
				5（含）～10年	10
				10年及以上	15

续表

一级指标	二级指标	三级指标	分值（S）	评价标准	得分
技术能力指标（2）	科技能力（2－1）	主编或参与编制国家、行业、地方标准（规范）（2－1－1）	10	参与或主编国家、行业标准（规范）编制每项得5分（X项），地方标准（规范）每项得2分（Y项），最高为10分	X·5＋Y·2
		课题研究项目数（2－1－2）	6	申请获得国家、省部级或地方政府研发课题（非企业设立课题）每项得3分（X项），最高为6分	X·3
			3	企业设立的研究课题每项得1分（X项），最高为3分	X·1
		年度研发经费投入（2－1－3）	12	年度研发经费投入与企业年营业收入比率为0.5%或10万元以下	8
				年度研发经费投入与企业年营业收入比率为0.5%及以上，1%以下或15万元以上	9
				年度研发经费投入与企业年营业收入比率为1%及以上，2%以下或20万元以上	10
				年度研发经费投入与企业年营业收入比率为2%以上或40万元以上	12
		科研成果（2－1－4）	12	在核心期刊或报刊发表的与业务领域相关的论文每篇得4分（X项）	X·4
				在其他期刊发表的与业务领域相关的论文每篇得2分（X项）	X·2
				主编或参编的业务领域相关著作，每本得4分（X项）	X·4
				结题科研项目数，每项得2分（X项）	X·2
		员工培训经费投入（2－1－5）	16	年人均投入1000元以下	8
				年人均投入1000元及以上，2000元以下	12
				年人均投入2000元及以上	16
	专业技术人员（2－2）	学历结构（2－2－1）	16	大专及以上学历占50%以下	8
				大专及以上学历占50%及以上，70%以下	12
				大专及以上学历占70%及以上	16
		职称结构（2－2－2）	20	初、中级及以上职称占40%以下	5
				初、中级及以上职称占40%及以上，55%以下	8
				初、中级及以上职称占55%及以上，70%以下	10
				初、中级及以上职称占70%及以上	12
				中级职称及以上比例在40%及以上	15
				高级职称及以上比例在20%及以上	20
	设备及装备能力（2－3）	办公用房、设备、计算机、软件等设备设施状况（2－3－1）	5	设备设施不能满足日常工作需要	0
				设备设施满足日常工作需要，且配备了计算机和相应的工作软件	5

续表

一级指标	二级指标	三级指标	分值（S）	评价标准	得分
经济能力指标（3）	企业经济实力（3－1）	总资产（3－1－1）	5	1000万元以下	2
				1000万元及以上，3000万元以下	3
				1000万元及以上，5000万元以下	4
				5000万元及以上	5
		净资产（3－1－2）	5	1000万元以下	3
				1000万元及以上，3000万元以下	4
				3000万元及以上	5
	盈利能力（3－2）	造价咨询业务收入利润率（3－2－1）	10	4%以下	6
				4%（含）～6%	8
				6%（含）～8%	9
				8%以上	10
		净资产收益率（3－2－2）	10	4%以下	6
				4%（含）～7%	8
				7%（含）～10%	9
				10%及以上	10
	偿债能力（3－3）	资产负债率（3－3－1）	10	60%以上	6
				50%（含）～60%	8
				40%（含）～50%	9
				40%及以下	10
		流动比率（3－3－2）	10	1以下	6
				1（含）～1.5	8
				1.5（含）～2	9
				2及以上	10
	发展能力（3－4）	总产值平均增长率（3－4－1）	10	5%以下	3
				5%（含）～10%	6
				10%及以上	10
		净资产平均增长率（3－4－2）	10	5%以下	3
				5%（含）～10%	6
				10%及以上	10
		利润总额平均增长率（3－4－3）	10	5%以下	3
				5%（含）～10%	6
				10%及以上	10
		造价咨询业务收入平均增长率（3－4－4）	10	5%以下	3
				5%（含）～10%	6
				10%及以上	10
		上一年度新签造价合同总额增长率（3－4－5）	10	5%以下	3
				5%（含）～15%	6
				15%及以上	10

续表

一级指标	二级指标	三级指标	分值（S）	评价标准		得分
管理能力指标（4）	高层管理者素养（4－1）	企业负责人综合素质（4－1－1）	25	学历	本科以下	2
					本科及以上	4
				职称	初级	2
					中级及以下	5
					高级	7
				从业年限	5年以下	2
					5（含）~10年	5
					10年及以上	7
				担任企业中层以上经营管理工作年限	5年及以下	2
					5~10年	5
					10年及以上	7
		企业技术负责人综合素质（4－1－2）	20	学历	本科以下	3
					本科及以上	6
				职称	初级	2
					中级及以下	5
					高级	8
				担任企业中层以上技术管理工作年限	5年及以下	2
					5~10年	4
					10年及以上	6
		企业高管层团队综合素质（4－1－3）	25	平均学历	大学以下	2
					大学及以上	4
				平均职称	初级	2
					中级及以下	5
					高级	7
				平均从业年限	5年以下	2
					5（含）~10年	5
					10年及以上	7
				担任企业中层以上管理工作的平均年限	5年及以下	2
					5~10年	5
					10年及以上	7
	管理制度建设（4－2）	是否通过ISO质量管理体系认证（4－2－1）	10	未通过认证		0
				通过认证		10
		是否缴纳职业责任保险（4－2－2）	5	否		0
				是		5
	管理方法和手段（4－3）	利用互联网和信息系统开展生产管理等情况（4－3－1）	12	能基本运用信息化管理系统对企业的经营、生产、人事、行政等进行管理		0~4
				能基本运用财务管理软件对企业日常财务工作进行管理		0~4
				能基本运用互联网对正在实施的项目进行企业层级的日常监管		0~4
		其他现代管理方法和手段的利用情况（4－3－2）	3	是否有利用其他现代管理方法和手段的情况		0~3

续表

一级指标	二级指标	三级指标	分值（S）	评价标准	得分
信用记录指标（5）	客户评价记录（5－1）	咨询服务的成果评价（5－1－1）	3	不满意	0
				一般	1
				满意	2
				很满意	3
		咨询服务的人员技术水平和职业道德（5－1－2）	3	不满意	0
				一般	1
				满意	2
				很满意	3
		咨询服务的及时性和规范性（5－1－3）	3	不满意	0
				一般	1
				满意	2
				很满意	3
		合同履约程度（5－1－4）	3	不满意	0
				一般	1
				满意	2
				很满意	3
		咨询服务收费合理性（5－1－5）	3	不满意	0
				一般	1
				满意	2
				很满意	3
	企业良好行为记录（5－2）	企业良好行为记录（5－2－1）	20	每次发生且情况属实加分5（X项），最高得分限为20分	5·X
	建设行政主管部门处罚记录（5－3）	企业资质方面不良行为记录（5－3－1）	35	每次不良记录，扣5分（X项），情节严重的每次扣8分（Y项），扣完为止；发生特别重大事故扣35分，重大事故扣10分，扣完为止	35－5·X－8·Y
		承揽业务方面不良记录（5－3－2）			
		合同履约方面不良记录（5－3－3）			
		受到省、市级建设行政主管部门行政处罚（5－3－4）			
		执业资格人员不良行为记录（5－3－5）			
	社会保障记录（5－4）	非法用工投诉记录（5－4－1）	15	每次发生且情况属实扣2分（X项），情节严重的每次扣3分（Y项）	15－2·X－3·Y
		克扣和无故拖欠员工工资投诉记录（5－4－2）			
		拖欠社会保险费不良记录（5－4－3）			

续表

一级指标	二级指标	三级指标	分值（S）	评价标准	得分
信用记录指标（5）	其他不良信用记录（5-5）	金融机构不良信用记录（信贷、担保、抵押、保险等）（5-5-1）	15	每次发生且情况属实扣2分（X项），情节严重的每次扣3分（Y），扣完为止	15-2·X-3·Y
		诉讼或仲裁的败诉记录（5-5-2）			
		纪委、监察部门提出地不良记录（5-5-3）			
		检察、公安处罚记录（5-5-4）			
		工商行政主管部门不良记录（5-5-5）			
		审计部门不良记录（5-5-6）			
		税务部门不良记录（5-5-7）			
履行社会责任和义务情况（6）	国内外公益活动（6-1）	参与救灾、物资捐赠、慈善公益宣传等活动（6-1-1）	50	参与该类活动每次得10分，最高为50分	10·X
	企业社会责任记录（6-2）	企业履行节能减排、保护环境、资源保护责任等（6-2-1）	50	参与该类活动每次得10分，最高为50分	10·X

11　建筑制品与构配件生产单位信用评价

11.1　一般规定

11.1.1　本章评价标准（见表9）适用于建筑制品及构配件生产单位。

11.1.2　凡有累计计分的，累计年限均为近三年，累计分不得超过该项的最高分值；

11.1.3　一级指标每项满分100分，计算总分时各一级指标的权重为：基础指标10%；技术能力指标15%；经济能力指标15%；管理能力指标15%；信用记录指标40%；履行社会责任和义务指标5%。

11.1.4　被评价企业出现以下情况取消评价资格或直接评为D级：

（1）发生特大质量安全责任事故。

（2）行业通报批评的。

11.2　基础指标

11.2.1　“企业规模”指标反映企业经营规模，应该包括注册资金、营业收入等三级指标。应符合下列要求：

（1）注册资本为企业在工商行政管理机关登记的实际出资到位注册资本金。

（2）营业收入按照近三年平均值计算。

11.2.2　“人力资源”指标包括企业技术人员占从业人员比例三级指标。上述各类人员均指在评价时点，与企业建立劳动合同关系的从业人员，企业技术人员占从业人员比例为持有各类技术证书的人员占企业全部人员的比例。

11.2.3　“经营年限”包括从事主营业务年限三级指标。其中企业从事主营业务的年限是以企业工商登记日期算起。

11.3　技术能力指标

11.3.1　“科技能力”指标包括企业主编或参与编制国家、行业、地方标准、新产品研究项目数、年度研发经费投入等三级指标。应符合下列要求：

（1）企业设立专门技术和管理研发机构，须有健全的制度，良好的运行机制，企业可主编或参与编制国家、行业、地方标准。

（2）年度研发经费投入，应按年度技术研发经费投入占企业年营业收入的比例计算，并仅包括企业直接投入的技术研发经费。

11.3.2　“专业技术人员”指标是指企业管理、技术人员在企业总人员中的比例，包括学历指标、职称指标等三级指标。

11.3.3　“设备及装备能力”包括生产设备、常规检测设备配置和办公用房、设备、计算机、软件等设备设施状况三级指标。是反映企业的日常工作能力的基本条件，其设备及装备均应是企业自有、自用的设备及装备。

11.4 经济能力指标

11.4.1 “经济实力”指标包括总资产三级指标。
11.4.2 “盈利能力”指标包括主营业务收入利润率指标。
11.4.3 “偿债能力”指标包括资产负债率三级指标。
11.4.4 “发展能力”指标包括近三年总资产值平均增长率、近三年利润总额平均增长率三级指标。

11.5 管理能力指标

11.5.1 高层管理素养包括企业负责人综合素质评价和企业技术负责人综合素质评价等三级指标。应符合下列要求：

1. 企业负责人是指企业的法定代表人、董事长、总经理等对企业管理行使实际决策控制权的负责人。担任企业中层以上经营管理工作年限，是指在担任企业负责人之前在同等同类规模企业中担任管理部门负责人或分支机构负责人的工作年限。
2. 企业技术负责人是指担任企业技术、研发管理的负责人。担任企业中层以上技术管理工作年限，是指在担任企业技术负责人之前在同等同类规模企业中担任技术管理部门负责人或分支机构技术负责人的工作年限。

11.5.2 管理制度建设包括企业规章制度健全、完善、是否通过质量管理体系认证、是否通过环境管理体系认证、是否通过职业健康安全管理体系认证三级指标。
11.5.3 管理方法和手段包括利用互联网和信息系统开展生产管理等情况、其他现代管理方法和手段的利用情况三级指标。

11.6 信用记录指标

11.6.1 企业客户评价记录和售后服务记录包括专职售后服务机构、专职售后服务人员、维修记录、回访记录和合同履约率等三级指标。
11.6.2 行政主管部门处罚记录包括市场方面不良行为记录、质量安全方面不良行为记录和执业资格人员不良行为记录三级指标。
11.6.3 社会保障记录包括非法用工投诉记录、拖欠社会保险费不良记录、不重视职业病防治工作和保障义务等记录三级指标。
11.6.4 其他信用记录包括金融机构信用记录、诉讼或仲裁的败诉记录、纪委、监察部门提出的不良记录、工商行政主管部门不良记录和审计部门不良记录三级指标

11.7 履行社会责任和义务情况

11.7.1 国内外公益活动包括企业参与救灾、物资捐赠、慈善公益宣传等活动三级指标。
11.7.2 企业社会责任记录包括企业履行节能减排、保护环境、资源保护责任等社会公共责任和义务三级指标。

表 9　建筑制品与构配件生产单位信用评价标准

一级指标	二级指标	三级指标	分值（S）	评价标准	得分
企业基础指标（1）	企业规模（1－1）	注册资金（1－1－1）	30	500 万元以下	22
				500 万（含）～2000 万元	26
				2000 万元（含）及以上	30
		营业收入（1－1－2）	30	是主营业务产值 2 倍以上	22
				是主营业务产值 1.5 倍以上，2 倍及以下	26
				是主营业务产值 1.5 倍及以下	30
	人员资源（1－2）	技术人员与从业人员比例（1－2－1）	20	2% 及以下	14
				2% 以上，5% 及以下	16
				5% 以上，10% 及以下	18
				10% 以上	20
	经营年限（1－3）	从事主营业务年限（1－3－1）	20	5 年以下	12
				5 年及以上，10 年以下	16
				10 年及以上	20
技术能力指标（2）	科技能力（2－1）	主编或参与编制国家、行业、地方标准（2－1－1）	8	主编国家、行业、地方标准每项得 2 分（X 项），参与编制每项得 1 分（Y 项）	X·2＋Y·1
		新产品研究项目数（2－1－2）	6	申请获得国家、省部级或地方政府研发课题（非企业设立课题）每项 1 分（X 项）	X·1
		知识产权成果	6	申请获得国家知识产权成果每项 2 分（X 项）	X·2
		年度研发经费投入（2－1－3）	20	年度研发经费投入与企业年营业收入比率为 2% 或 30 万元以下	14
				年度研发经费投入与企业年营业收入比率为 3% 或 50 万元以上	16
				年度研发经费投入与企业年营业收入比率为 4% 或 80 万元以上	18
				年度研发经费投入与企业年营业收入比率为 5% 以上或 100 万元以上	20
	专业技术人员（2－2）	学历指标（与从业人员比例）（2－2－1）	15	中专及以大专占 10% 以下	11
				大专及以大学历占 10% 及以上，20% 以下	13
				大专及以上学历占 20% 及以上	15
		职称指标（与从业人员比例）（2－2－2）	15	初、中级及以上职称占 2% 以下	10
				初、中级及以上职称占 2% 及以上，5% 以下	11
				初、中级及以上职称占 5% 及以上，10% 以下	12
				初、中级及以上职称占 10% 及以上	13
				中级职称及以上比例在 5% 及以上	14
				高级职称及以上比例在 5% 及以上	15
	设备及装备能力（2－3）	生产设备、常规检测设备配置（2－3－1）	10	配备齐全，能满足生产需要	10
			10	检测手段完善	10
		办公用房、设备、计算机、软件等设备设施状况（2－3－2）	10	设备设施基本满足日常工作需要	6
				配备了计算机和相应的工作软件	4

续表

<table>
<tr><th>一级指标</th><th>二级指标</th><th>三级指标</th><th>分值（S）</th><th colspan="2">评价标准</th><th>得分</th></tr>
<tr><td rowspan="16">经济能力指标（3）</td><td rowspan="4">经济实力（3－1）</td><td rowspan="4">总资产（3－1－1）</td><td rowspan="4">20</td><td colspan="2">1000 万元以下</td><td>12</td></tr>
<tr><td colspan="2">1000 万元及以上，3000 万元以下</td><td>16</td></tr>
<tr><td colspan="2">3000 万元及以上，10000 万元以下</td><td>18</td></tr>
<tr><td colspan="2">10000 万元及以上</td><td>20</td></tr>
<tr><td rowspan="4">盈利能力（3－2）</td><td rowspan="4">主营业务收入利润率（3－2－1）</td><td rowspan="4">20</td><td colspan="2">5% 以下</td><td>12</td></tr>
<tr><td colspan="2">5% 及以上，10% 以下</td><td>16</td></tr>
<tr><td colspan="2">10% 及以上，15% 以下</td><td>18</td></tr>
<tr><td colspan="2">15% 及以上</td><td>20</td></tr>
<tr><td rowspan="4">偿债能力（3－3）</td><td rowspan="4">资产负债率（3－3－1）</td><td rowspan="4">20</td><td colspan="2">90% 以上</td><td>12</td></tr>
<tr><td colspan="2">70% ~90%</td><td>16</td></tr>
<tr><td colspan="2">50% ~70%</td><td>18</td></tr>
<tr><td colspan="2">50% 以下</td><td>20</td></tr>
<tr><td rowspan="6">发展能力（3－4）</td><td rowspan="3">近三年总产值平均增长率（3－4－1）</td><td rowspan="3">20</td><td colspan="2">10% 以下</td><td>12</td></tr>
<tr><td colspan="2">10% 及以上，20% 以下</td><td>16</td></tr>
<tr><td colspan="2">20% 及以上</td><td>20</td></tr>
<tr><td rowspan="3">近三年利润总额平均增长率（3－4－2）</td><td rowspan="3">20</td><td colspan="2">5% 以下</td><td>12</td></tr>
<tr><td colspan="2">5% 及以上，10% 以下</td><td>16</td></tr>
<tr><td colspan="2">10% 及以上</td><td>20</td></tr>
<tr><td rowspan="21">管理能力指标（4）</td><td rowspan="21">高层管理者素养（4－1）</td><td rowspan="13">企业负责人综合素质评价（4－1－1）</td><td rowspan="13">30</td><td rowspan="2">学历</td><td>大专以下</td><td>2</td></tr>
<tr><td>大专及以上</td><td>4</td></tr>
<tr><td rowspan="3">职称</td><td>初级</td><td>2</td></tr>
<tr><td>中级及以下</td><td>4</td></tr>
<tr><td>高级</td><td>6</td></tr>
<tr><td rowspan="3">行业工作年限</td><td>5 年以下</td><td>4</td></tr>
<tr><td>5 年及以上，10 年以下</td><td>6</td></tr>
<tr><td>10 年及以上</td><td>8</td></tr>
<tr><td rowspan="3">担任企业中层以上经营管理工作年限</td><td>5 年以下</td><td>4</td></tr>
<tr><td>5 年及以上，10 年以下</td><td>6</td></tr>
<tr><td>10 年及以上</td><td>8</td></tr>
<tr><td rowspan="2">个人职业生涯不良记录</td><td>有</td><td>0</td></tr>
<tr><td>无</td><td>4</td></tr>
<tr><td rowspan="8">企业技术负责人综合素质评价（4－1－2）</td><td rowspan="8">20</td><td rowspan="2">学历</td><td>大专以下</td><td>2</td></tr>
<tr><td>大专及以上</td><td>4</td></tr>
<tr><td rowspan="3">职称</td><td>初级</td><td>2</td></tr>
<tr><td>中级及以下</td><td>4</td></tr>
<tr><td>高级</td><td>6</td></tr>
<tr><td rowspan="3">行业工作年限</td><td>5 年以下</td><td>1</td></tr>
<tr><td>5 年及以上，10 年以下</td><td>2</td></tr>
<tr><td>10 年及以上</td><td>3</td></tr>
</table>

续表

一级指标	二级指标	三级指标	分值（S）	评价标准		得分
管理能力指标（4）	高层管理者素养（4－1）	企业技术负责人综合素质评价（4－1－2）	20	担任企业中层以上技术管理工作年限	5年以下	1
					5年及以上，10年以下	2
					10年及以上	3
				个人职业生涯不良记录	有	0
					无	4
	管理制度建设（4－2）	企业规章制度健全、完善（4－2－1）	15	企业经营、生产、安全、质量、人事、财务等规章制度健全完善		15
				企业经营、生产、安全、质量、人事、财务等规章制度缺项，缺一项扣2分		0～12
		是否通过质量管理体系认证（4－2－2）	5	通过认证		5
				未通过认证		0
		是否通过环境管理体系认证（4－2－3）	5	通过认证		5
				未通过认证		0
		是否通过职业健康安全管理体系认证（4－2－4）	5	通过认证		5
				未通过认证		0
	管理方法和手段（4－3）	利用信息系统开展生产管理等情况（4－3－1）	15	能基本运用办公自动化等软件对企业的经营、生产、人事、行政等进行管理		5
				能基本运用财务管理软件对企业日常财务工作进行管理		5
				能基本运用信息系统对正在实施的监理项目进行企业层级的日常监管		5
		其他现代管理方法和手段的利用情况（4－3－2）	5	是否有利用其他现代管理方法和手段的情况		0～5
信用记录指标（5）	客户评价记录和售后服务记录（5－1）	专职售后服务机构（5－1－1）	30	差		2
		专职售后服务人员（5－1－2）		一般		10
		维修记录（5－1－3）		中		10
		回访记录（5－1－4）		较好		10
		合同履约率（5－1－5）		好		15
	行政主管部门处罚记录（5－2）	市场方面不良行为记录（5－2－1）	30	每次不良记录扣2分（X项），情节严重的每次扣3分（Y项），扣完为止；发生特别重大事故扣20分，重大事故扣10分，扣完为止		30－2·X－3·Y
		质量安全方面不良行为记录（5－2－2）				
		受到省、市级行政主管部门行政处罚（5－2－3）				
		执业资格人员不良行为记录（5－2－4）				
	社会保障记录（5－3）	非法用工投诉记录（5－3－1）	20	每次发生且情况属实扣2分（X项），情节严重的每次扣3分（Y项），扣完为止		20－2·X－3·Y
		克扣和无故拖欠劳动者工资投诉记录（5－3－2）				

续表

一级指标	二级指标	三级指标	分值（S）	评价标准	得分
信用记录指标（5）	社会保障记录（5－3）	拖欠社会保险费不良记录（5－3－3）	20	每次发生且情况属实扣2分（X项），情节严重的每次扣3分（Y项），扣完为止	20－2·X－3·Y
		不重视职业病防治工作和保障义务等记录（5－3－4）			
	其他信用记录（5－4）	金融机构信用记录（信贷、担保、抵押、保险等）（5－4－1）	20	每次发生且情况属实扣2分（X项），情节严重的每次扣3分（Y），扣完为止	20－2·X－3·Y
		诉讼或仲裁的败诉记录（5－4－2）			
		纪委、监察部门提出地不良记录（5－4－3）			
		检察、公安处罚记录（5－5－4）			
		工商行政主管部门不良记录（5－4－5）			
		审计部门不良记录（5－4－6）			
履行社会责任和义务情况（6）	国内外公益活动（6－1）	参与救灾、物资捐赠、慈善公益宣传等活动（6－1－1）	50	参与该类活动每次得10分，最高为50分	X·10
	企业社会责任记录（6－2）	企业履行节能减排、保护环境、资源保护责任等社会公共责任和义务（6－2－1）	50	参与该类活动每次得10分，最高为50分	X·10

12 工程担保机构信用评价

12.1 一般规定

12.1.1 本章评价标准（见表10）适用于具有开展工程担保业务资格的机构。

12.1.2 一级指标每项满分100分，计算总分时各一级指标的权重为：基础指标15%；技术能力指标10%；经济能力指标30%；管理能力指标10%；信用记录指标30%；履行社会责任和义务指标5%。

12.1.3 被评价企业出现以下情况取消评价资格或直接评为D级：

（1）未取得开展工程担保业务资格从事工程担保业务活动的。

（2）以隐瞒、欺骗、贿赂等不正当手段取得开展工程担保业务资格的。

（3）企业未通过工商年检或者工程担保业务资格续期考核未通过的。

12.2 基础指标

12.2.1 “企业规模”指标反映企业经营规模，应该包括注册资本金、工程担保总营业收入和企业业务资格范围等三级指标，应符合下列要求：

（1）注册资本金为企业在工商行政管理机关登记的实际出资到位注册资本金。

（2）工程担保总营业收入为上一年度开展工程担保业务取得的总营业收入。

（3）企业业务资格范围为工程担保机构当年已具备省、市级建设行政主管部门认可或备案，可以在其行政区域内开展工程担保的资格及业务范围；具备银行工程担保业务经营资格；具备工程担保再担保业务经营资格。

12.2.2 “人力资源规模”指标反映企业人员规模，是指企业当年职工总人数。

12.2.3 “经营年限”指标反映企业持续经营能力，企业经营年限是指截至当年已持续开展工程担保业务的年限。

12.3 技术能力指标

12.3.1 “科技能力”指标包括主编国家、行业、地方标准，在国家级核心期刊发表的论文数，业务品种创新能力等三级指标。应符合下列要求：

（1）主编国家、行业、地方标准是指近三年主编或参与国家、行业、地方标准情况。

（2）在国家级核心期刊发表的论文数是指近三年在国家级核心期刊发表的论文数。

（3）业务品种创新能力是指近三年除业主工程款支付担保、投标担保、承包商履约担保、承包商付款担保等担保品种之外新担保品种开发情况。

12.3.2 “专业技术人员”指标应包括学历指标、职称指标、执业资格人员等三级指标。应符合下列要求：

（1）学历指标是指当年具有大专及以上学历职工占总人数的比例。

（2）职称指标是指当年具有工程或工程经济类高、中级职称职工占总人数的比例。

（3）执业资格人员是指标指当年具有监理工程师、造价工程师、注册会计师、建造师、律师等执业资格的人数情况。

12.3.3 设备及装备能力指标应包括办公用房、设备、计算机、软件等设备设施情况三级指标。办公用房、设备、计算机、软件等设备设施情况指标是指当年办公用房、设备设施满足工作需要和配备计算机、工作软件的情况。

12.4 经济能力指标

12.4.1 企业经济实力指标应包括总资产、净资产等三级指标。

（1）总资产指标是指上年末资产总金额；

（2）净资产指标是指上年末净资产总金额。

12.4.2 盈利能力指标应包括净资产收益率、主营业务收入比重等三级指标。

（1）净资产收益率是指上一年净利润与平均股东权益的比率。

（2）主营业务收入比重是指上一年工程担保业务收入占总营业收入的比率。

12.4.3 偿债能力指标应包括资产负债率、流动比率、对外投资比率等三级指标。

（1）资产负债率指标指上年末的负债总额与资产总额的比率。

（2）流动比率指标指上是年末流动资产总额对流动负债总额的比率。

（3）对外投资比率是指上年末对外投资总额对净资产总额的比率。

12.4.4 发展能力指标应包括近三年净资产平均增长率、近三年主营业务收入平均增长率、人均工程担保收入、担保放大倍数、注册资本监管比率、现金净资产比率、客户集中度、代偿损失率等三级指标。

（1）近三年净资产平均增长率是指近三年净资产增长率的平均数，净资产增长率为本期净资产总额与上期净资产总额的比率。

（2）近三年主营业务收入平均增长率是指近三年主营业务收入增长率的平均数，主营业务收入增长率为本期主营业务收入总额与上期主营业务收入总额的比率。

（3）人均工程担保收入指标是指上一年工程担保业务收入总额除以职工总人数。

（4）担保放大倍数指标是指上年末在保责任余额与净资产总额的倍数。

（5）注册资本监管比率指标是指当年接受监管的资金总额与注册资本金总额的比率。

（6）现金净资产比率指标是指上年末现金总额与净资产总额的比率。

（7）客户集中度指标是指上一年前五名最大担保客户担保责任余额与全部担保责任余额的比率。

（8）代偿损失率指标是指上一年代偿发生损失总额与营业收入总额的比率。

12.5 管理能力指标

12.5.1 高层管理者素养指标应包括企业高层及主要职能部门主管人员的素质、企业高层管理人员的责任心和执行力、企业高层管理人员的分析和解决问题的能力等三级指标。其评价应符合下列要求：

（1）企业高层及主要职能部门主管人员的素质指标是指当年其同时具有大学本科及以上学历、中级及以上职称、3年以上行业管理经验的人员比例情况。

（2）企业高层管理人员的责任心和执行力指标是指当年其责任心和执行力强弱情况。

（3）企业高层管理人员的分析和解决问题的能力指标是指当年其分析和解决问题能力强弱情况。

12.5.2 管理制度建设指标应包括企业管理制度健全与完善、担保风险控制体系、审理委员会、项目保后管理措施等三级指标。其评价应符合下列要求：

（1）企业规章制度健全与完善指标是指当年建立规章制度情况及其健全、完善情况。

（2）担保风险控制体系指标是指当年建立担保风险控制体系情况及其有效性与被执行情况。

（3）审理委员会指标是指当年建立审理委员会情况及其独立性、专业性情况。

（4）项目保后管理措施指标是指当年有无保后管理措施及记录完整性和执行到位情况。

12.5.3 管理方法和手段指标应包括客户维护管理、反担保管理、企业网站建设等三级指标。其评价应符合下列要求：

（1）客户维护管理指标是指当年有无客户维护管理及其效果情况。

（2）反担保管理指标是指当年有无反担保管理及其有效性。

（3）企业网站建设指标是指当年建立网站情况及其内容完整与更新及时性。

12.6 信用记录指标

12.6.1 客户评价记录指标应包括合同履行的结果、售后服务及回访记录、分支机构合规情况等三级指标。应符合下列要求：

（1）合同履行的结果指标是指近三年代偿率高低及发生代偿后的履约情况。

（2）售后服务及回访记录是指标指近三年对在保项目通过电话、传真、现场等方法进行监督检查情况及其记录情况。

（3）分支机构合规情况指标是指近三年分支机构得到当地建设主管部门认可或备案情况及其接受后续监管情况。

12.6.2 行业获奖记录指标是指近三年获得省部级及以上表彰或表扬情况。

12.6.3 建设主管部门处罚记录应包括企业资质方面不良行为记录，建筑市场方面不良行为记录，质量安全方面不良行为记录，受到省、市级建设行政主管部门行政处罚，执业资格人员不良行为记录等三级指标。

建设主管部门处罚记录各项三级指标均应为近三年记录情况。

12.6.4 社会保障记录指标应包括非法用工投诉记录、克扣和无故拖欠劳动者工资投诉记录、拖欠社会保险费等不良记录、不履行劳动保护有关规定、不重视职业病防治工作和保障业务等记录等三级指标。

社会保障记录各项三级指标均应为近三年记录情况。

12.6.5 其他信用记录可包括金融机构不良信用记录，信贷、担保、抵押、保险等不良信用记录，诉讼或仲裁的败诉记录，检察、公安处罚记录，商业贿赂、欺诈等记录，工商年检不合格记录，偷税漏税、拖欠税款不良行为记录，使用假发票不良行为记录，提供虚假财务会计等信息记录，提供虚假统计报表等信息记录等三级指标。

其他信用记录各项三级指标均应为近三年记录情况。

12.7 履行社会责任和义务指标

12.7.1 国内外公益活动指标应包括参与救灾、物资捐赠、慈善公益宣传等活动三级指标。

国内外公益活动指标是指近三年参与情况。

12.7.2 企业社会责任记录指标应包括企业履行节能减排、保护环境、资源保护责任等社会公共责任和义务三级指标。

企业社会责任记录指标应是近三年履行情况。

表 10　工程担保机构信用评价标准

一级指标	二级指标	三级指标	分值（S）	评价标准	得分
基础指标（1）	企业规模指标（1－1）	注册资本金（实缴）（1－1－1）	20	1 亿元及以上	20
				5000 万元及以上，1 亿元以下	10
				5000 万元以下	5
		工程担保总营业收入（1－1－2）	20	1000 万元及以上	20
				300 万元及以上，1000 万元以下	10
				300 万元以下	5
		企业业务资格范围（1－1－3）	20	具备市级工程担保业务经营资格、具备省级工程担保业务经营资格、具备银行工程担保业务经营资格、具备工程担保再担保业务经营资格每项得 5 分（X 项）	5・X
	人力资源规模（1－2）	企业人员规模（1－2－1）	20	30 人及以上	20
				10 人及以上，30 人以下	10
				10 人以下	5
	经营年限（1－3）	企业经营年限（1－3－1）	20	5 年以上	20
				3～5 年	15
				1～3 年	10
				1 年以内	0
技术能力指标（2）	科技能力（2－1）	主编国家、行业、地方标准（2－1－1）	10	近三年主编或参与国家、行业标准编制每项得 4 分（X 项），地方标准每项得 2 分（Y 项），累计最高得分不超过 10 分	4・X＋2・Y
		在国家级核心期刊发表的论文数（2－1－2）	10	近三年在国家级核心期刊发表的与业务领域相关的论文每篇得 5 分（X 项），累计最高得分不超过 10 分	5・X
		业务品种创新能力（2－1－3）	20	除业主工程款支付担保、投标担保、承包商履约担保、承包商付款担保等担保品种之外新担保品种开发，每增加一个新品种得 10 分（X 项），累计最高得分不超过 20 分	10・X
	专业技术人员（2－2）	学历指标（总人数和比例）（2－2－1）	20	大专及以上学历占 80% 及以上	20
				大专及以上学历占 70% 及以上，80% 以下	15
				大专及以上学历占 60% 及以上，70% 以下	10
				大专及以上学历占 50% 及以上，60% 以下	5
				大专及以上学历占 50% 以下	0
		职称指标（总人数和比例）（2－2－2）	10	工程或工程经济类高、中级职称占 40% 及以上	10
				工程或工程经济类高、中级职称占 20% 及以上，40% 以下	5
				工程或工程经济类高、中级职称占 20% 以下	0
		执业资格人员（总人数和比例）（2－2－3）	20	达到监理工程师至少 6 人，造价工程师至少 6 人，注册会计师、建造师、律师至少各 1 人三项	20
				达到监理工程师至少 6 人，造价工程师至少 6 人，注册会计师、建造师、律师至少各 1 人三项中的两项	15

续表

一级指标	二级指标	三级指标	分值（S）	评价标准	得分
技术能力指标（2）	专业技术人员（2－2）	执业资格人员（总人数和比例）（2－2－3）	20	达到监理工程师至少6人，造价工程师至少6人，注册会计师、建造师、律师至少各1人三项中的任一项	10
				未达到监理工程师至少6人，造价工程师至少6人，注册会计师、建造师、律师至少各1人三项中任一项	0
	设备及装备能力（2－3）	办公用房、设备、计算机、软件等设备设施状况（2－3－1）	10	配备计算机和相应的工作软件，设备设施满足日常工作需要	10
				配备计算机和相应的工作软件，设备设施基本满足日常工作需要	5
				没有配备计算机和相应的工作软件，或设备设施不能满足日常工作需要	0
经济能力指标（3）	企业经济实力（3－1）	总资产（3－1－1）	6	1亿元及以上	6
				5000万元及以上，1亿元以下	3
				5000万元以下	1
		净资产（3－1－2）	6	1亿元及以上	6
				5000万元及以上，1亿元以下	3
				5000万元以下	1
	盈利能力（3－2）	净资产收益率（3－2－1）	6	8%及以上	6
				8%以下至3%及以上，每下降1%减1分	1～5
				3%以下	0
		主营业务收入比重（3－2－2）	5	70%及以上	5
				70%以下至50%及以上，每下降5%减1分	1～4
				50%以下	0
	偿债能力（3－3）	资产负债率（3－3－1）	5	50%以下	5
				50%及以上至70%以下，每上升5%减1分	1～4
				70%及以上	0
		流动比率（3－3－2）	5	140%及以上	5
				每下降10%减1分	1～4
				100%以下	0
		对外投资比率（3－3－3）	5	20%及以下	5
				20%以上	0
	发展能力（3－4）	近三年净资产平均增长率（3－4－1）	7	10%及以上	7
				10%以下至4%及以上，每下降1%减1分	1～6
				4%以下	0
		近三年主营业务收入平均增长率（3－4－2）	6	15%及以上	6
				15%以下至5%及以上，每下降1%减0.5分	1～5
				5%以下	0
		人均工程担保收入（3－4－3）	10	30万元及以上	10
				30万元以下至20万元以上，每下降1万元减1分	1～9
				20万元及以下	0

续表

一级指标	二级指标	三级指标	分值（S）	评价标准	得分
经济能力指标（3）	发展能力（3－4）	担保放大倍数（3－4－4）	8	5倍及以上至10倍及以下	8
				5倍以下至2倍及以上，每下降1倍减2分	2～6
				10倍以上或2倍以下	0
		注册资本监管比率（3－4－5）	6	20%及以上	6
				20%以下至10%及以上，每下降1%减0.5分	1～5
				10%以下	0
		现金净资产比率（3－4－6）	8	30%及以上	8
				30%以下至15%以上，每下降1%减0.5分	1～7
				15%及以下	0
		客户集中度（3－4－7）	10	30%及以下	10
				30%以上至50%及以下，每上升5%减2分	2～8
				50%以上	0
		代偿损失率（3－4－8）	7	2%及以下	7
				2%以上至8%及以下，每上升1%减1分	1～6
				8%以上	0
管理能力指标（4）	高层管理者素养（4－1）	企业高层及主要职能部门主管人员的素质（如学历、职称、管理工作年限等）（4－1－1）	10	80%及以上达到大学本科及以上学历、中级及以上职称、3年以上行业管理工作年限等条件	10
				60%及以上，80%以下达到大学本科及以上学历、中级及以上职称、3年以上行业管理工作年限等条件	6
				60%以下达到大学本科及以上学历、中级及以上职称、3年以上行业管理工作年限等条件	2
		企业高层管理人员的责任心和执行力（4－1－2）	10	较强	10
				中等	6
				较弱	2
		企业高层管理人员的分析和解决问题的能力（4－1－3）	10	较强	10
				中等	6
				较弱	2
	管理制度建设（4－2）	企业规章制度健全、完善（4－2－1）	10	各项规章制度健全、完善	10
				规章制度不够健全，有缺项	6
				未建立规章制度	0
		担保风险控制体系（4－2－2）	10	有担保风险控制体系，控制制度执行严格，有效性较好	10
				有担保风险控制体系，但体系在执行及有效性方面存在不足	6
				无担保风险控制体系	0
		审理委员会（4－2－3）	10	有审理委员会，且独立性、专业性较好	10
				有审理委员会，但独立性、专业性存在不足	6
				无审理委员会	0

续表

一级指标	二级指标	三级指标	分值（S）	评价标准	得分
管理能力指标（4）	管理制度建设（4－2）	项目保后管理措施（4－2－4）	10	有项目保后管理措施，且记录完整，执行到位	10
				有项目保后管理措施，但记录不完整，执行不到位	6
				无项目保后管理措施	0
	管理方法和手段（4－3）	客户维护管理（4－3－1）	10	有客户维护管理，且效果较明显	10
				有客户维护管理，但效果不明显	6
				无客户维护管理	0
		反担保管理（4－3－2）	10	有反担保管理，且反担保较有效	10
				有反担保管理，但反担保不够有效	6
				无反担保管理	0
		企业网站建设（4－3－3）	10	有企业网站，且内容完整、更新及时	10
				有企业网站，但内容不完整、更新不及时	6
				无企业网站	0
信用记录指标（5）	客户评价记录（5－1）	合同履行的结果（5－1－1）	10	合同履行良好，且发生代偿后能及时履行赔付责任	10
				合同履行一般，发生代偿后存在未及时履行赔付责任情况	6
				合同履行较差，发生代偿后不履行赔付责任	0
		售后服务及回访记录（5－1－2）	10	对在保项目通过电话、传真、现场等方法进行监督检查，并有完整的售后服务及回访记录	10
				对在保项目通过电话、传真、现场等方法进行监督检查，但没有完整的售后服务及回访记录	6
				未对在保项目进行监督检查，没有任何售后服务及回访记录	0
		分支机构合规情况（5－1－3）	10	得到当地建设主管部门备案，且接受其监管	10
				得到当地建设主管部门备案，但不接受其监管	6
				未得到当地建设主管部门备案	0
	行业获奖记录（5－2）	获得省部级以上表彰或表扬（5－2－1）	10	近三年每个获奖项目得5分（X项），最高得分不超过10分	5·X
	建设主管部门处罚记录（5－3）	企业资质方面不良行为记录（5－3－1）	20	近三年每次不良行为记录扣5分（X项），情节严重的扣10分（Y项），情节特别严重的扣20分（Z项），扣完为止	20－5·X－10·Y－20·Z
		建筑市场方面不良行为记录（5－3－2）			
		质量安全方面不良行为记录（5－3－3）			
		受到省、市级建设行政主管部门行政处罚（5－3－4）			
		执业资格人员不良行为记录（5－3－5）			

续表

一级指标	二级指标	三级指标	分值（S）	评价标准	得分
信用记录指标（5）	社会保障记录（5－4）	非法用工投诉记录（5－4－1）	20	近三年每次发生情况属实扣5分（X项），情节严重的扣10分（Y项），情节特别严重的扣20分（Z项），扣完为止	20－5·X－10·Y－20·Z
		克扣和无故拖欠劳动者工资投诉记录（5－4－2）			
		拖欠社会保险费等不良记录（5－4－3）			
		不履行劳动保护有关规定记录（5－4－4）			
		不重视职业病防治工作和保障义务等记录（5－4－5）			
	其他信用记录（5－5）	金融机构不良信用记录（5－5－1）	20	近三年每次发生情况属实扣5分（X项），情节严重的扣10分（Y项），情节特别严重的扣20分（Z项），扣完为止	20－5·X－10·Y－20·Z
		信贷、担保、抵押、保险等不良信用记录（5－5－2）			
		诉讼或仲裁败诉记录（5－5－3）			
		检察、公安处罚记录（5－5－4）			
		商业贿赂、欺诈等记录（5－5－5）			
		工商年检不合格记录（5－5－6）			
		偷税漏税、拖欠税款不良行为记录（5－5－7）			
		使用假发票不良行为记录（5－5－8）			
		提供虚假财务会计等信息记录（5－5－9）			
		提供虚假统计报表等信息记录（5－5－10）			
履行社会责任和义务情况（6）	国内外公益活动（6－1）	参与救灾、物资捐赠、慈善公益宣传等活动（6－1－1）	50	近三年每次参与该类活动得10分（X项），最高得分不超过50分	10·X
	企业社会责任记录（6－2）	企业履行节能减排、保护环境、资源保护责任等社会公共责任和义务（6－2－1）	50	近三年每次参与该类活动得10分（X项），最高得分不超过50分	10·X

13 建设单位信用评价

13.1 一般规定

13.1.1 建设单位信用评价指标（见表11）应包括：基础指标，满分100分；经济能力指标，满分150分；管理能力指标，满分100分；信用记录指标，满分150分；履行社会责任和义务情况，满分100分。
13.1.2 建设单位评价指标权重分别为：基础指标10%；经济能力指标25%；管理能力指标20%；信用记录指标40%；履行社会责任和义务情况5%。

13.2 基础指标

13.2.1 企业规模指标包括注册资金一项三级指标。
13.2.2 经营年限指标包括从事工程项目投资建设业务年限一项三级指标。

13.3 经济能力指标

13.3.1 企业经济实力指标包括总资产一项三级指标。
13.3.2 偿债能力指标包括资产负债率、流动比率两项三级指标。

13.4 管理能力指标

13.4.1 管理制度建设指标包括企业规章制度健全、完善和是否通过质量管理体系认证两项三级指标。

13.5 信用记录指标

13.5.1 客户评价记录指标包括客户综合评价一项三级指标。不同用户对评价对象进行评价时，计算评价总分与评价次数的算术平均值，算术平均值作为客户综合评价得分。
13.5.2 建设主管部门处罚记录指标包括违反建设程序不良行为记录、招标发包方面不良行为记录、质量安全方面不良行为记录、拖欠工程款方面的不良行为记录四项三级指标。企业各类不良记录，以近三年情况为考评依据。评价得分公式为：90－X，其中X为四项三级指标扣减分数的总和，X的最大值为90。
13.5.3 其他信用记录指标包括金融机构不良信用记录（信贷、担保、抵押、保险等），诉讼或仲裁地败诉记录，纪委、监察部门提出地不良记录，检察、公安部门处罚记录，工商行政主管部门提出的不良记录，审计部门提出的不良记录，税务部门提出的不良记录七项三级指标。评价得分公式为：10－X，其中X为七项三级指标扣减分数的总和，X的最大值为10。

13.6 履行社会责任和义务情况指标

13.6.1 国内外公益活动指标包括参与救灾、物资捐赠、慈善公益宣传等活动一项三级指标。评价得分公式为：10 · X，其中 X 为参加的次数，X 的最大值为 5。

13.6.2 企业社会责任记录指标企业履行节能减排、保护环境、资源保护责任等社会公共责任和义务一项三级指标。评价得分公式为：10 · X，其中 X 为参加的次数，X 的最大值为 5。

表 11 建设单位信用评价标准

一级指标	二级指标	三级指标	分值（S）	评价标准	得分
基础指标（1）	企业规模（1－1）	注册资金（1－1－1）	40	有企业资质标准的行业，不符合企业资质管理标准	0
				有企业资质标准的行业，符合企业资质管理标准	40
				未设企业资质标准的行业，不符合工商企业注册标准	0
				未设企业资质标准的行业，符合工商企业注册标准	40
	经营年限（1－2）	从事工程项目投资建设业务年限（1－2－1）	60	3 年以下	36
				3 年及以上，5 年以下	48
				5 年及以上	60
经济能力指标（2）	企业经济实力（2－1）	总资产（2－1－1）	40	小于等于 1 亿元	10
				大于 1 亿元，小于等于 10 亿元	25
				大于 10 亿元	40
	偿债能力（2－2）	资产负债率（2－2－1）	30	70% 以上	10
				50% 以上，70% 及以下	20
				50% 及以下	30
		流动比率（2－2－2）	30	40% 以上	10
				40% 及以下，30% 以上	20
				30% 及以下	30
管理能力指标（3）	管理制度建设（3－1）	企业规章制度健全、完善（3－1－1）	50	企业经营、生产、安全、质量、人事、财务等规章制度健全完善	50
				企业经营、生产、安全、质量、人事、财务等规章制度缺项，缺 1 项扣 5 分	0～40
		是否通过质量管理体系认证（3－1－2）	50	通过认证	50
				未通过认证	0
信用记录指标（4）	客户评价记录（4－1）	客户综合评价（4－1－1）	40	差	0
				一般	10
				中	20
				较好	30
				好	40

续表

一级指标	二级指标	三级指标	分值（S）	评价标准	得分
信用记录指标（4）	建设主管部门处罚记录（4－2）	违反建设程序不良行为记录（4－2－1）	50	各项无不良记录得满分；每项每有1次不良记录扣10分，总分最多累计扣至0分	50－X
		招标发包方面不良行为记录（4－2－2）			
		质量安全方面不良行为记录（4－2－3）			
		拖欠工程款方面的不良行为记录（4－2－4）			
	其他信用记录（4－3）	金融机构信用记录（信贷、担保、抵押、保险等）（4－3－1）	10	各项无不良记录得满分；每项每次发生且情况属实扣2分，情节严重的扣每次5分，总分最多累计扣至0分	10－X
		诉讼或仲裁的败诉记录（4－3－2）			
		纪委、监察部门提出的不良记录（4－3－3）			
		检察、公安处罚记录（4－3－4）			
		工商行政主管部门不良记录（4－3－5）			
		审计部门不良记录（4－3－6）			
		税务部门不良记录（4－3－7）			
履行社会责任和义务情况（5）	国内外公益活动（5－1）	参与救灾、物资捐赠、慈善公益宣传等活动（5－1－1）	50	参与该类活动每次得10分	10·X
	企业社会责任记录（5－2）	企业履行节能减排、保护环境、资源保护责任等社会公共责任和义务（5－2－1）	50	参与该类活动每次得10分	10·X

附表：高级管理者素养评价表

一级指标	二级指标	三级指标	分值(S)	评价标准		得分
管理能力指标(4)(本项满分100分)	高层管理者素养(4-1)	企业负责人综合素质评价(4-1-1)	15	学历	大学以下	1
					大学及以上	2
				职称	初级	1
					中级及以下	2
					高级	3
				行业工作年限	5年以下	2
					5年及以上，10年以下	3
					10年及以上	4
				担任企业中层以上经营管理工作年限	5年及以下	2
					5年以上，10年及以下	3
					10年及以上	4
				个人职业生涯不良记录	有	0
					无	2
		企业技术负责人综合素质评价(4-1-2)	15	学历	大学以下	1
					大学及以上	2
				职称	初级	1
					中级及以下	2
					高级	3
				设计持证状况	无	0
					有注册设计相关工程师证书	2
				行业工作年限	5年以下	1
					5年及以上，10年以下	2
					10年及以上	3
				担任企业中层以上技术管理工作年限	5年及以下	1
					5年以上，10年及以下	2
					10年及以上	3
				个人职业生涯不良记录	有	0
					无	2
		企业高管层团队综合素质评价(4-1-3)	25	平均学历	大学以下	1
					大学及以上	2
				平均职称	初级	1
					中级及以下	2
					高级	3

续表

<table>
<tr><th>一级
指标</th><th>二级
指标</th><th>三级
指标</th><th>分值
（S）</th><th colspan="2">评价标准</th><th>得分</th></tr>
<tr><td rowspan="19">管理能力指标（4）（本项满分100分）</td><td rowspan="19">高层管理者素养（4－1）</td><td rowspan="19">企业高管层团队综合素质评价（4－1－3）</td><td rowspan="19">25</td><td rowspan="3">平均行业工作年限</td><td>5年以下</td><td>2</td></tr>
<tr><td>5年及以上，10年以下</td><td>3</td></tr>
<tr><td>10年及以上</td><td>4</td></tr>
<tr><td rowspan="3">担任企业中层以上管理工作的平均年限</td><td>5年及以下</td><td>2</td></tr>
<tr><td>5年以上，10年及以下</td><td>3</td></tr>
<tr><td>10年及以上</td><td>4</td></tr>
<tr><td rowspan="3">团队组织结构状况</td><td>结构不合理，职能分工不明确</td><td>1</td></tr>
<tr><td>结构合理，职能分工不明确</td><td>2</td></tr>
<tr><td>结构合理、管理职能分工明确</td><td>4</td></tr>
<tr><td rowspan="2">生产主管持证状况</td><td>无</td><td>0</td></tr>
<tr><td>有注册设计相关专业工程师证书</td><td>2</td></tr>
<tr><td rowspan="2">人事主管持证状况</td><td>无</td><td>0</td></tr>
<tr><td>有人力资源管理师证书</td><td>2</td></tr>
<tr><td rowspan="2">财务主管持证状况</td><td>无</td><td>0</td></tr>
<tr><td>有注册会计师资格证书</td><td>2</td></tr>
<tr><td rowspan="2">团队中个人职业生涯不良记录</td><td>有</td><td>0</td></tr>
<tr><td>无</td><td>2</td></tr>
</table>

注：“平均学历”指团队中同一学历最多的学历；“平均职称”指团队中同一职称人数最多的职称；“平均行业工作年限”指团队中个人累计行业工作年限除以团队人数；“担任企业中层以上管理工作的平均年限”类似计算。“团队中个人职业生涯不良记录”指团队中只要有一人有过职业生涯不良记录，团队该项分值即为0分。企业高管层团队包括经营、生产、技术、人事、行政、财务、监管及各分公司总经理（区域主管）等高管层人员组成。

本标准用词说明

1. 为便于执行本标准条文时区别对待，对要求严格程度不同的用词说明如下：

（1）表示很严格，非这样做不可的用词：正面词采用“必须”，反面词采用“严禁”。

（2）表示严格，在正常情况均应这样做的用词：正面词采用“应”，反面词采用“不应”或“不得”。

（3）表示允许稍有选择，在条件许可时首先应这样做的用词：正面词采用“宜”，反面词采用“不宜”。

（4）表示有选择，在一定条件下可以这样做的用词，采用“可”。

2. 条文中指明应按其他有关标准执行的写法为：“应符合……的规定”或“应按……执行”。

中国建筑金属结构协会标准

建筑市场主体信用评价标准

Standard for credit rating of construction market subject

TG/CCMSA002 –2016

条文说明

目　次

1 总　　则

1.0.1 当前，各地广泛开展了信用评价工作，但标准不一，方法不同，评价组织各种各样，因此，很有必要建立统一的信用评价标准，指导和规范工程建设领域的信用评价工作，以规范建筑市场主体信用评级机构的行为，推动建筑市场主体加强信用管理。

1.0.2 专业信用评级机构可利用本标准对建筑市场主体进行信用评价；各有关主体也可以利用本标准对交易对方进行考察和评价，不必委托专业信用评价机构进行评价；各有关市场主体也可参照本标准加强自身管理，作为行为指南。

1.0.3 专业信用评价机构的信用主要体现在按照标准进行信用评价时能否坚持客观性和公平性原则。

3 基本规定

3.1 评价对象

3.1.1 评价对象包括建设领域的所有类型的市场主体（10类）。

3.2 评价指标

3.2.1 市场主体的信用主要体现在履约能力和履约意愿两个方面，而履约意愿一般用过去的履约记录来反映。履约能力又可以归纳为技术能力、管理能力和经济能力。除此以外，通过社会责任和义务的考核，可以在一定程度上反映企业的信用状况。因此信用评价主要应该包括如下六个一级指标：

（1）基础指标。

（2）技术能力指标。

（3）经济能力指标。

（4）管理能力指标。

（5）信用记录指标。

（6）履行社会责任和义务指标。

各个市场主体信用评价的一级指标是基本一致的，区别在于二级指标和三级指标，其中二级指标区别较少，三级指标区别较多。

3.2.2 各类建筑市场主体信用评价的二级指标和三级指标应分别符合本标准第4～13章的规定。可在此基础上增加，但原则上不应删减。

3.2.3 可根据不同的评价目的对三级指标设置不同的评判标准，也可在三级指标的基础上继续细化后再进行评估。由于评价的目的不同，其衡量指标和标准肯定会有所差异，因而作此规定。

3.2.4 可根据不同的评价目的对各类建筑市场主体的一级指标、二级指标和三级指标分别设置不同的分值和权重。由于评价的目的不同，其考核的重点也不同。可以根据不同的评价目的对同一指标设置不同的权重和分值。

3.3 信用等级

3.3.1 可根据不同的评价目的对各类建筑市场主体的信用评价结果进行分级。分级标准和方法较难进行同一规定。

3.3.2 为了便于比较，对信用等级及其含义提供统一参照表，见本标准第3部分表1所示。

4　勘察单位信用评价

4.2　基础指标

4.2.1　注册资本为企业在工商行政管理机关登记的实际出资到位的注册资本金；工程勘察业务收入为企业勘察承包业务的收入，以近三年平均主营业务收入为计算标准；企业总产值按照近三年平均值计算。

4.2.2　企业技术、经营、管理人员占从业人员比例为持有各类工程技术、经营、管理岗位证书的人员占企业全部人员的比例。

注册岩土工程师、测绘工程师与其他注册执业工程师比例指持有注册岩土工程师、测绘工程师与持有其他各类注册证书人员的比例。

人员人均年产值为近三年企业总产值与评价时点总人员的比例。

4.2.3　经营年限反映企业持续经营能力。

4.3　技术能力指标

4.3.1　企业设立专门技术和管理研发机构，应是企业自身专门设立的技术研发机构或技术研发管理机构，须有健全的制度和良好的运行机制。

年度研发经费投入，应按年度技术研发经费投入占工程勘察业务收入的比例计算，并仅包括企业直接投入的技术研发经费。

员工培训及继续教育经费投入，应是企业直接用于员工培训和继续教育的每人、每年平均费用。

课题研究项目应取近三年申请获得的正在研究或结项的课题数。

4.5　管理能力指标

4.5.2　企业负责人是指企业的法定代表人、董事长、总经理等对企业管理行使实际决策控制权的负责人。企业技术负责人是指担任企业技术、研发管理的负责人。企业高层管理团队是指企业中层管理负责人以上的内部管理团队。团队中个人职业生涯不良记录指团队中只要有一人有过职业生涯不良记录，团队该项分值即为 0 分。

4.6　信用记录指标

4.6.6　关于其他信用记录：

（1）金融机构不良信用记录是指企业在与金融机构发生信贷、担保、抵押、保险等业务过程中被金融机构记载的不良记录。

（2）民事和行政诉讼或仲裁地败诉记录是指企业在民事或行政诉讼（仲裁）中因违约或违法而被法院或仲裁机构裁决承担责任的记录。

（3）其他行政管理部门给予处罚的记录是指除建设行政主管部门、劳动保障主管部门外，其他如税务、公安、海关、外汇、商务、环保、文物保护、国土资源、工商、监察、审计等行政管理部门给予地行政处罚记录。

（4）政党、社会团体提出地不良记录是指中共和各民主党派各级组织及其部门，中共各级纪委，施工企业参加的各类行业协会，工会、妇联等群众组织提出的不良记录。

（5）刑事犯罪记录是指企业或高管团队在职务活动中因触犯刑法，单位或个人被判处刑罚的记录。

5 设计单位信用评价

5.2 基础指标

5.2.2 企业规模指标

（1）设计企业工程设计业务产值指标代表了企业设计业务总体规模，可根据行业平均水平进行评价。

（2）设计企业工程总产值指标代表了企业的总体规模，也可根据行业平均水平进行评价。

5.2.3 企业人员指标

（1）注册设计工程师与设计从业人员比例值反映设计企业人员素质情况。设计从业人员指设计企业从事工程设计工作的所有人员，注册设计工程师是指城乡建设主管部门会同有关部门已启动注册的注册执业工程师。

（2）注册设计工程师与其他注册执业工程师比例值达到相关的范围，获得相应的分值，本指标反映设计企业的业务专一化情况。

（3）企业人员人均年产值是指近三年来企业工程设计业务产值与设计从业人员（近三年平均值）的比例关系，达到相关的范围，获得相应的分值。

5.5 管理能力指标

5.5.2 管理者素养评价

（1）企业负责人综合素质评价包括学历、职称、行业工作年限、担任企业中层经营管理工作年限、个人职业生涯不良记录等指标。

（2）企业技术负责人综合素质评价包括学历、职称、设计持证状况、行业工作年限、担任企业中层经营管理工作年限、个人职业生涯不良记录等指标。

（3）企业高管层团队综合素质评价包括平均学历、平均职称、平均行业工作年限、担任企业中层以上管理工作的平均年限、团队组织结构状况、生产主管持证状况、人事主管持证状况、财务主管持证状况、团队中个人职业生涯不良记录等指标。

平均学历指团队中同一学历最多的学历；平均职称指团队中同一职称人数最多的职称；平均行业工作年限指团队中个人累计行业工作年限除以团队人数。担任企业中层以上管理工作的平均年限类似计算。企业高管层团队包括经营、生产、技术、人事、行政、财务、监管及各分公司总经理（区域主管）等高管层人员组成。

5.5.4 管理方法和手段

利用互联网和信息系统开展生产管理等情况评价，比如能否基本运用办公自动化（OA）对企业的经营、生产、人事、行政等进行管理；能否基本运用财务管理软件对企业日常财务工作进行管理；能否基本运用互联网对正在实施的设计项目进行企业层级的日常监管等。

5.6 信用记录指标

5.6.2 客户评价部分为定性评价部分，每一部分设定 0 ~ 5 分六个评价等级，由信用评价人员以近三年情况为考评依据，对企业的实际情况进行打分。

5.6.4 主管部门处罚记录指标参照建设部“建市〔2007〕9号”文中的“全国建筑市场各方主体不良行为记录认定标准”（175条），建设主管部门处罚记录以近三年情况为考评依据。

5.6.5 社会保障不良行为记录，以近三年情况为考评依据。

5.6.6 其他信用记录，以近三年情况为考评依据。

6 施工图审查单位信用评价

6.2 基础指标

6.2.2 人员规模指标可以看作是衡量施工图审查企业的一项重要基础指标，各类注册执业工程师人员的数量和质量是保障施工图审查的关键所在。

6.3 技术能力指标

6.3.1 创新能力指标可以考察施工图审查企业的技术能力，其中员工培训及继续教育经费投入是指对从业人员（各类注册执业工程师）的培训及继续教育经费投入。

6.3.3 设备及装备能力为施工图审查企业的正常运营提供了保障，同时能体现一个施工图审查企业的技术创新能力。

6.4 经济能力指标

6.4.1 企业经济能力指标中的总资产与净资产能够反映施工图审查企业的经济实力。其中：

总资产是指施工图审查企业拥有或控制的全部资产，包括流动资产、长期投资、固定资产、无形及递延资产、其他长期资产、递延税项等，即为施工图审查企业资产负债表的资产总计项。

净资产是指属施工图审查企业所有，并可以自由支配的资产。施工图审查企业的净资产由两大部分组成：一部分是施工图审查企业开办当初投入的资本，包括溢价部分；另一部分是施工图审查企业在经营之中创造的，也包括接受捐赠的资产，净资产属于所有者权益。

6.4.4 发展能力指标反映施工图审查企业的发展能力，也称施工图审查企业的成长性，它是施工图审查企业通过自身的生产经营活动，不断扩大积累而形成的发展潜能。其中：

总资产增长率指标是施工图审查企业本年总资产增长额同年初资产总额的比率，反映施工图审查企业本期资产规模的增长情况，资产增长是施工图审查企业发展的一个重要方面，发展性高的施工图审查企业一般能保持资产的稳定增长。

6.6 信用记录指标

6.6.1 通过客户评价记录、行业获奖记录、建设主管部门处罚记录、社会保障记录和其他信用记录等，基本可以全面客观反映和评价施工图审查企业的信用情况。

8 施工单位信用评价

8.1 一般规定

8.1.3 被评价企业出现以下情况取消评价资格或直接评为D级：

（1）特大质量安全责任事故：指按照国家安全生产管理部门和质量监管部门规定的认定标准，被有权部门认定的“特大质量安全责任事故”。

（2）企业有单位犯罪或高管团队成员职务犯罪：以人民法院的生效判决书为认定标准。

（3）安全生产许可证、资质书被吊销、注销：以行政执法部门的处罚决定书或通知书（告知书等）为认定标准。

（4）主要财产被人民法院或行政执法机关查封、冻结，企业无法正常经营：指企业用于生产经营的主要机械、设备、厂（站）设施、办公场所等被冻结、查封，其严重程度已经影响到企业的正常生产经营活动，不包括一般性的查封冻结等。

8.2 基础指标

8.2.1

（1）注册资本为企业在工商行政管理机关登记认缴的注册资本金，实收资本为企业在工商行政管理机关登记的实际出资到位的资本金。

（2）主营业务收入、总营业收入：按照财政部们发布的《财务准则》规定的口径认定。

8.2.2 人员（从业人员）：指按照《劳动合同法》的规定与企业建立劳动合同关系的员工，不包括劳务派遣人员、咨询顾问人员、劳务分包人员等其他用工形式的从业人员。

企业技术、经营、管理人员：为持有各类工程技术、经营、管理岗位证书的人员。

注册建造师、造价师与其他注册执业人员：指持有注册建造师、造价师证书、其他各类注册证书并正在执业的人员，不包括持有证书但不在企业执业的人员。

8.3 技术能力指标

8.3.1

（1）企业设立专门技术和管理研发机构，应是企业自身专门设立的技术研发机构或技术研发管理机构，须有健全的制度，良好的运行机制。

（2）年度研发经费投入，应按年度技术研发经费投入占主营业务收入的比例计算，并仅包括企业直接投入的技术研发经费。

（3）员工培训及继续教育经费投入，应是企业直接用于员工培训和继续教育的每人、每年平均费用。

（4）课题研究项目应取近三年申请获得的正在研究或结项的课题数。

8.3.3 设备及装备均应是企业自有、自用的设备及装备。

8.4　经济能力指标

总资产、净资产、主营业务收入、利润总额、净资产收益率、资产负债率、流动比率、新签施工合同总额等，均按照《企业会计准则》规定的口径认定。

银行信用评级，以金融评级机构的认定为准。

8.5　管理能力指标

8.5.2

（1）企业负责人是指企业的法定代表人、董事长、总经理等对企业管理行使实际决策控制权的负责人。

担任企业中层以上经营管理工作年限，是指在担任企业负责人之前在同等同类规模企业中担任管理部门负责人或分支机构负责人的工作年限。

（2）企业技术负责人是指担任企业技术、研发管理的负责人。担任企业中层以上技术管理工作年限，是指在担任企业技术负责人之前在同等同类规模企业中担任技术管理管理部门负责人或分支机构技术负责人的工作年限。

（3）企业高层管理团队是指企业高层管理负责人以上的内部管理团队。平均学历指团队中同一学历最多的学历；平均职称指团队中同一职称人数最多的职称；平均行业工作年限指团队中个人累计行业工作年限除以团队人数。担任企业中层以上管理工作的平均年限类似计算。

8.6　信用记录指标

8.6.2　客户评价记录：应当有明确客户就具体的施工合同做出的评价，应当有书面评价记录或评价痕迹。

8.6.5　非法用工、克扣和无故拖欠劳动者工资、拖欠社会保险费、不重视职业病防治工作和保障义务等记录，应当是有权部门或司法机关认定的记录，不包括仅有投诉而没有调查认定的记录。

8.6.6

（1）金融机构不良信用记录是指企业在与金融机构发生信贷、担保、抵押、保险等业务过程中被金融机构记载的不良记录。

（2）民事和行政诉讼或仲裁的败诉记录是指企业在民事或行政诉讼（仲裁）中因违约或违法而被法院或仲裁机构裁决承担责任的记录。

（3）其他行政管理部门给予处罚的记录是指除建设行政主管部门、劳动保障主管部门外，其他如税务、公安、海关、外汇、商务、环保、文物保护、国土资源、工商、监察、审计等行政管理部门给予的行政处罚记录。

（4）政党、社会团体提出的不良记录是指中共和各民主党派各级组织及其部门，中共各级纪委，施工企业参加的各类行业协会，工会、妇联等群众组织提出的不良记录。

（5）刑事犯罪记录是指企业或高管团队在职务活动中因触犯刑法，单位或个人被判处刑罚的记录。

8.7　履行社会责任和义务指标

8.7.1　企业参加国内外公益活动和履行企业社会责任记录：通过考察企业参与救灾、物资捐赠、慈善活动等非营利性社会活动来综合判定。

8.7.3 企业社会责任记录：通过企业履行节能减排、环境保护、资源保护责任等社会公共责任活动的情况综合判定。

9 工程监理单位信用评价

9.1 一般规定

9.1.1 本章评价标准适用的工程监理单位是指按照原建设部2007年158号令《工程监理企业资质管理规定》取得工程监理资质的单位。

9.1.3 违法违规行为是指被评价企业的直接或故意行为。

9.2 基础指标

9.2.2 企业监理业务经营不足三年的，工程监理业务营业收入和企业总营业收入按照评价时点企业监理业务实际经营时间的平均值计算。

9.2.3 监理从业人员、注册监理工程师、各类注册执业工程师的数量按照评价时点的人数计算。监理从业人员数量包括企业负责人、企业监理技术负责人、企业负责监理生产管理的中高级管理人员以及直接从事监理工作的人员总数。

企业监理业务经营不足三年的，监理人员人均年营业收入按照评价时点实际经营时间折算成年平均值计算。

9.3 技术能力指标

9.3.2 主编或参与编制国家、行业、地方标准，企业或在编员工获得国家、省/部级科技进步奖，课题研究项目数，科研成果及期刊发表论文的数量按照评价时点起算近三年的总数计算。各三级指标内容应提供相应的原始证明材料，属企业自身的应提供相应的证明。

年度研发经费投入是指企业评价时点当年企业直接投入的研发经费。

9.3.3 员工培训及继续教育经费投入中“员工”是指监理从业人员，“经费投入”为当年监理从业人员培训及继续教育的经费投入。

企业监理资质管理标准是指原建设部2007年158号令《工程监理企业资质管理规定》及相应的实施细则。注册监理工程师标准人数应为满足企业现有全部监理资质（主项和增项）要求的最低注册监理工程师人数。

9.4 经济能力指标

9.4.2 企业经济状况指标是指企业上一年度财务报表中的总资产和净资产。

9.4.3 盈利能力指标是指企业上一年度财务报表中主营业务收入利润率和净资产收益率。

9.4.4 偿债能力指标指企业上一年度财务报表中资产负债率和流动比率。

9.5 管理能力指标

9.5.2 企业技术负责人一般是指监理资质证书上技术负责人一栏中所载明的技术负责人。

“平均学历”是指团队中同一学历最多的学历；“平均职称”是指团队中同一职称人数最多的职称；“平均监理行业工作年限”是指团队中个人累计监理行业工作年限除以团队人数。“担任企业中层以上管理工作的平均年限”类似计算。“团队中个人职业生涯不良记录”指团队中只要有一人有过职业生涯不良记录，团队该项分值即为0分。

9.5.3 质量管理体系、环境管理体系和职业健康安全管理体系的认证标准执行国家标准。

9.5.4 其他现代管理方法和手段指标是指除本标准第9部分表7内指明的管理方法和手段之外，在监理行业内属先进、科学、能量化的管理方法和手段，旨在推进监理行业的科学化管理。

9.6 信用记录指标

9.6.2 评价机构应结合企业已有的客户评价记录（如体系认证记录），并抽取评价时点起算近三年企业完成或在建的一定数量的监理项目，采用问卷调查或客户走访等方式获得相关记录和数据，对本标准第9部分表7内5－1所要求评价的内容逐项进行评价。选取的项目样本总数量能客观、全面、真实地反映监理单位的状况，符合信用评价的要求。

主要监理人员配备及到位情况，关键管理、技术人员的资格和能力等指标可按照监理规范的规定以及监理合同的要求进行评价。

过程管理的水平和效果、合同履行结果、履行监理职责情况、售后服务及回访等指标可通过对客户、政府监督机构、施工企业及工程参与各方的问卷调查和走访询问等方式，围绕工程实施过程中监理在工程质量、进度、成本控制以及安全文明施工管理等方面的工作状况进行定量或定性评价。

9.6.3 国家或省部级工程质量奖应是指被全社会普遍认可的奖项。表彰或表扬包括企业及个人获得的省部级以上且被全社会普遍认可的表彰或表扬。以评价时点起算近三年情况为评价依据。

9.6.4 参照原建设部“建市〔2007〕9号”文中的“全国建筑市场各方主体不良行为记录认定标准”各类不良记录，以评价时点起算近两年情况为评价依据。

同一行为，企业和个人同时受处罚的，按一次计算。近两年按照评价时点起算。

9.6.5 因劳动者自身原因造成的除外。

9.6.6 金融机构信用记录可以包括企业信贷、担保、抵押、保险等情况。

9.7 履行社会责任和义务指标

9.7.2 国内外公益活动记录不仅限于参与救灾、物资捐赠、慈善公益宣传等活动。原则上，国家及社会认可的公益活动均可计算在内，近五年从评价时点起算。

9.7.3 企业社会责任记录不仅限于企业履行节能减排、保护环境、资源保护责任等社会公共责任和义务，也可包括企业履行的其他社会公共责任和义务。

10 造价咨询单位信用评价

10.1 一般规定

10.1.1 本章评价标准主要针对建筑行业造价咨询单位，需要考察造价咨询企业的基础情况、技术能力情况、经济能力情况、管理能力情况、信用记录情况及履行社会责任和义务情况。

10.1.3 对造价咨询单位进行信用评价，要建立在其依法取得工程造价咨询企业资质，并在其资质等级许可的范围内从事工程造价咨询活动的基础之上，对于非法获取企业资质或超越资质从事咨询活动以及未通过工商年检或者资质续期考核未通过的企业在评级时直接划分为D级。

10.2 基础指标

10.2.1 造价咨询企业信用评价的基础指标主要是对该企业的规模、人力资源、经营年限情况进行考察。

10.2.2 企业规模指标是为了衡量企业是否按照相对应资质等级标准规定来承揽业务，《工程造价咨询企业管理办法》第九条明确了甲级工程造价咨询企业资质标准，第十条明确了乙级工程造价咨询企业资质标准。其中“造价咨询年收入”是指被评价企业提供如下服务之一所得收入：

（1）建设项目建议书及可行性研究投资估算、项目经济评价报告的编制和审核。

（2）建设项目概预算的编制与审核，并配合设计方案比选、优化设计、限额设计等工作进行工程造价分析与控制。

（3）建设项目合同价款的确定（包括招标工程工程量清单和招标控制价、投标报价的编制和审核）；合同价款的签订与调整（包括工程变更、工程洽商和索赔费用的计算）及工程款支付，工程结算及竣工结（决）算报告的编制与审核等。

（4）工程造价经济纠纷的鉴定和仲裁的咨询。

（5）提供工程造价信息服务等。

10.3 技术能力指标

10.3.1 造价咨询企业信用评价的技术能力指标主要是对该企业的科技能力、专业技术人员水平、设备及装备能力进行考察。

10.3.2 通过科技能力指标可以考察造价咨询企业的技术能力，其中课题研究项目数为近三年申请获得且正在研究的课题；年度研发经费投入仅指企业直接投入的研发费用；科研成果应为近三年的成果；员工培训经费投入是指对造价从业人员的经费投入。

10.3.3 专业技术人员水平是考察造价咨询企业的一项重要指标，指标中所占比例是符合条件的人员数与造价从业人员数的比例。

10.3.4 设备及装备能力为造价咨询企业的正常运营提供了保障，同时高新技术产品的利用程度能体现一个企业的技术创新能力。

10.4 经济能力指标

10.4.1 造价咨询企业信用评价的经济能力指标主要是对该企业经济实力、盈利能力、偿债能力、发展能力的考察。

10.2.2 企业经济实力指标中的总资产与净资产能够反映企业的经济实力，其中总资产是指造价咨询企业拥有或控制的全部资产，包括流动资产、长期投资、固定资产、无形及递延资产、其他长期资产、递延税项等，即为该企业资产负债表的资产总计项；净资产是属于造价咨询企业所有，并可以自由支配的资产，既所有者权益。

10.4.3 盈利能力是指企业获取利润的能力，利润率越高，盈利能力就越强，也称为企业的资金或资本增值能力，通常表现为一定时期内企业收益数额的多少及其水平的高低。盈利能力指标中主营业务收入利润率 = 年度造价咨询服务净利润/年度造价服务总收入 ×100%，净资产收益率 = 年度造价咨询服务净利润/公司净资产 ×100%。

10.4.4 偿债能力是反映企业财务状况和经营能力的重要标志，是企业偿还到期债务的承受能力或保证程度，包括偿还短期债务和长期债务的能力。偿债能力指标中资产负债率 = 公司负债总额/公司总资产 ×100%，流动比率 = 流动资产/流动负债。

10.4.5 企业的发展能力，也称企业的成长性，它是企业通过自身的生产经营活动，不断扩大积累而形成的发展潜能。企业能否健康发展取决于多种因素，包括外部经营环境，企业内在素质及资源条件等。总产值增长率、净资产增长率、利润总额增长率、主营业务增长率以及上一年度新签造价合同总额增长率均是（年末值 - 年初值）/年初值 ×100%，并且总产值平均增长率、净资产平均增长率、利润总额平均增长率以及主营业务收入平均增长率均是评价期内的年平均值。

10.5 管理能力指标

10.5.1 造价咨询企业信用评价的管理能力指标主要是对该企业的高层管理者素养、管理制度建设、管理方法和手段进行考察。

10.5.2 企业的管理能力通过高层管理者素养指标来体现，其中企业负责人综合素质主要通过学历、职称、从业年限、担任企业中层以上经营管理工作年限等指标来反映；企业技术负责人综合素质主要通过学历、职称、担任企业中层以上技术管理工作年限等指标来反映；企业高管层团队包括经营、生产、技术、人事、行政、财务、监管及各分公司总经理（区域主管）等高管层人员。平均学历指团队中同一学历最多的学历。平均职称指团队中同一职称人数最多的职称。平均行业工作年限指团队中个人累计行业工作年限除以团队人数。

10.5.3 企业的管理制度建设主要通过该企业是否通过 ISO 质量管理体系认证、是否缴纳职业责任保险来体现。其中 ISO 质量管理体系是在质量方面指挥和控制组织的管理体系，通常包括制定质量方针、目标以及质量策划、质量控制、质量保证和质量改进等活动。实现质量管理的方针目标，有效地开展各项质量管理活动，必须建立相应的管理体系。职业责任保险，是以各种专业技术人员在从事职业技术工作时因疏忽或过失造成合同对方或他人的人身伤害或财产损失所导致的经济赔偿责任为承保风险的责任保险；职业责任保险指标是造价咨询企业或者企业技术人员因工作上的失误导致的损害赔偿责任风险。通过考察造价咨询企业是否通过 ISO 质量管理体系认证以及是否缴纳职业责任保险来评价其管理制度建设能力，从而达到评价其管理能力的目的。

10.5.4 利用互联网和信息系统开展生产管理等情况主要是考察造价咨询企业能基本运用信息化管理系统对企业的经营、生产、人事、行政等进行管理的能力；能基本运用财务管理软件对企业日常财务工作进行管理的能力；能基本运用互联网对正在实施的项目进行企业层级的日常监管的能力；

是否有利用其他现代管理方法和手段的情况。要根据企业的具体情况进行打分，且不能超过最高分。

10.6 信用记录指标

10.6.1 造价咨询企业信用评价的信用记录指标主要是对该企业的客户评价记录、企业良好行为记录、建设主管部门处罚记录、社会保障记录和其他不良信用记录进行考察。

10.6.2 通过向委托人发放调查问卷，考察客户对被评级企业在提供咨询服务的成果、人员技术水平及职业道德、咨询服务的及时性和规范性、合同履约程度以及服务费的合理性等5个方面的满意程度，来评价造价咨询企业的服务信用情况。

10.6.3 企业良好行为记录包括：企业获得县（区）级以上人民政府的表彰或奖励；在造价咨询活动中造价咨询企业获得市级以上建设行政主管部门的表彰或奖励；在造价咨询活动中造价咨询企业获得市级以上造价管理机构或造价行业协会的综合表彰或奖励；企业及专业技术人员在工程咨询活动中获市级以上科技进步奖或专利奖；企业及专业技术人员在市级以上行业主管部门组织的各类造价业务技能竞赛获得名次或奖励的；企业及专业技术人员在工程咨询活动中获市级以上创新奖或专项课题奖等方面。各地要根据自身实际情况酌情打分。

10.6.4 企业资质方面不良行为记录主要包括：涂改、倒卖、出租、出借资质证书，或者以其他形式非法转让资质证书；伪造、涂改年检记录；不及时办理资质证书变更手续；受到建设行政主管部门停业整顿、降低资质等行政处罚等方面。承揽业务方面不良记录主要包括：新设立分支机构不备案的；跨省、自治区、直辖市承接业务不备案；分支机构以自己名义承接工程造价咨询业务、订立工程造价咨询合同、出具工程造价成果文件；同时接受招标人和投标人或两个以上投标人对同一工程项目的工程造价咨询业务；在解决经济纠纷的鉴证咨询业务中分别接受双方当事人的委托；采用行贿、欺骗、弄虚作假等不正当手段承接造价咨询业务；以给予回扣、恶意压低收费等方式进行不正当竞争；转包承接的工程造价咨询业务；泄露当事人商业或技术秘密；阻挠委托人委托其他工程造价咨询单位参与咨询服务；由于咨询单位行为过错给企业或当事人造成重大经济损失等方面。合同履约方面不良记录主要包括：违背客观、公正和诚信原则出具工程造价咨询成果报告；咨询报告格式不规范，咨询档案存档内容不符合规定；成果文件无注册造价师签名盖等方面。各地要根据自身实际情况酌情打分。

10.6.5 社会保障记录指标主要是考察造价咨询企业提供给员工的保障情况，从而达到评价该企业信用情况的目的。

10.7 履行社会责任和义务指标

10.7.1 造价咨询企业信用评价的履行社会责任和义务指标主要是对该企业参与国内外公益活动、该企业的社会责任记录进行考察。

10.7.2 公益活动是组织从长远着手，出人、出物或出钱赞助和支持某项社会公益事业的公共关系实务活动。通过考察造价咨询企业参与救灾、物资捐赠、慈善公益宣传等活动情况评价该企业的社会责任和义务情况。

10.7.3 企业社会责任是指企业在创造利润、对股东承担法律责任的同时，还要承担对员工、消费者、社区和环境的责任。企业的社会责任要求企业必须超越把利润作为唯一目标的传统理念，强调要在生产过程中对人的价值的关注，强调对消费者、对环境、对社会的贡献。评价造价咨询企业的社会责任主要通过企业是否履行节能减排、保护环境、资源保护责任等活动来考察。

11　建筑制品与构配件生产单位信用评价

11.7　履行社会责任和义务指标

11.7.1　公益活动是企业从长远着手，出人、出物或出钱赞助和支持某项社会公益事业的公共关系实务活动。通过考察工程担保机构参与救灾、物资捐赠、慈善公益宣传等活动情况评价该企业的社会责任和义务情况。

11.7.2　企业社会责任是指企业在创造利润、对股东承担法律责任的同时，还要承担对员工、消费者、社区和环境的责任。企业的社会责任要求企业必须超越把利润作为唯一目标的传统理念，强调要在发展过程中对人的价值的关注，强调对消费者、对环境、对社会的贡献。工程担保机构的社会责任主要通过企业是否履行节能减排、保护环境、资源保护责任等活动来考察。

12 工程担保机构信用评价

12.1 一般规定

12.1.1 对工程担保机构进行信用评价，要建立在其依法取得工程担保业务经营资格，并在其资格许可的范围内从事工程担保活动的基础上，对于非法获取工程担保业务资格及未通过工商年检或者续期考核未通过的企业在评级时直接划分为D级。

12.2 基础指标

12.2.1 企业规模指标主要反映企业资本实力和经营规模，衡量企业是否具备相应的工程担保业务经营资格，其中营业收入是指开展工程担保所取得的业务收入。

12.2.2 人员规模指标是工程担保机构的一项基础指标，是指企业实际在册且已办理相关社保手续的人员总数。

12.2.3 企业经营年限反映企业持续经营能力，应从实际取得工程担保业务资格的年份算起。

12.3 技术能力指标

12.3.1 通过科技能力指标可以考察工程担保机构的技术能力和创新能力，其中所开发的新业务品种应与工程担保业务相关。

12.3.2 专业技术人员指标是考察工程担保机构的一项重要指标，指标中所占比例是符合条件的人员数与工程担保机构从业人员总数的比例。

12.3.3 设备及装备能力为工程担保机构的正常运营提供了保障。

12.4 经济能力指标

12.4.1 企业经济实力指标中的“总资产”与“净资产”能够反映企业的经济实力，其中“总资产”是指工程担保机构拥有或控制的全部资产，包括流动资产、长期投资、固定资产、无形及递延资产、其他长期资产等，即为该企业资产负债表的资产总计项；“净资产”是属于工程担保机构所有，并可以自由支配的资产，即为所有者权益。

12.4.2 “盈利能力”是指企业获取利润的能力，其中净资产收益率越高，盈利能力就越强；“主营业务收入”专指工程担保业务收入，主营业务收入比重越大，说明工程担保机构专业性越强。

12.4.3 “偿债能力”是反映企业财务状况和经营能力的重要标志，是企业偿还到期债务的承受能力或保证程度，包括偿还短期债务和长期债务的能力；担保机构的对外投资总额不宜过高，否则会影响到担保机构的资金流动性。

12.4.4 企业的发展能力，也称“企业的成长性”，它是企业通过自身的生产经营活动，不断扩大积累而形成的发展潜能。企业能否健康发展取决于多种因素，包括外部经营环境，企业内在素质及资源条件等。担保放大倍数过低说明企业业务能力较弱，担保放大倍数、客户集中度及代偿损失率过高则可能因经营风险较大而使企业发展受到限制。

12.5 管理能力指标

12.5.1 企业的管理能力通过高层管理者素养指标来体现，其中企业高管综合素质主要通过学历、职称、行业管理工作年限等指标来反映。企业高管层团队包括经营、业务、风控、法律、人事、行政、财务等高管层人员。

12.5.2 企业管理制度建设通过企业管理制度、担保风险控制体系、审理委员会、项目保后管理措施等指标来体现。

12.5.3 企业管理方法和手段通过利用互联网和其他现代管理方法对工程担保业务管理的水平来体现。

12.6 信用记录指标

12.6.1 通过考察客户对被评级企业在提供工程担保服务的合同履约结果、人员技术水平及职业道德、担保服务的规范性、代偿的及时性、分支机构的合规性等方面的满意程度，来评价工程担保机构的信用情况。

12.6.2 企业行业获奖记录包括企业在业务规范、行业评优评先、人员培养及业务素质竞赛等方面获得的省部级及以上的表彰或表扬情况。

12.6.3 建设主管部门处罚记录指标主要包括：非法集资；超出代偿能力从事工程担保业务；虚假注册、虚增注册资本金或抽逃资本金；擅自挪用被保证人保证金；违反约定拖延或拒绝承担保证责任；在保函备案或填报报表时制造虚假资料或提供虚假信息；撤保或变相撤保；安排受益人和被保证人互保；恶意压低担保收费，采取胁迫、要挟等方式进行不正当竞争；未进行风险预控和保后风险监控；受到建设行政主管部门批评警告、停业整顿等行政处罚等方面的行为。

12.6.4 社会保障记录指标主要是考察工程担保机构提供给员工的保障情况，从而达到评价该企业信用情况的目的。

12.6.5 其他信用记录指标是指除建设行政主管部门、劳动保障主管部门外，其他行政管理部门、政党、社会团体给予处罚的不良记录，刑事犯罪记录等。可包括如税务、公安、检察、工商、监察、审计、海关、外汇、商务、环保、文物保护、国土资源等行政管理部门给予的行政处罚记录，金融机构不良信用记录，民事和行政诉讼或仲裁的败诉记录等。

12.7 履行社会责任和义务指标

12.7.1 公益活动是企业从长远着手，出人、出物或出钱赞助和支持某项社会公益事业的公共关系实务活动。通过考察工程担保机构参与救灾、物资捐赠、慈善公益宣传等活动情况评价该企业的社会责任和义务情况。

12.7.2 企业社会责任是指企业在创造利润、对股东承担法律责任的同时，还要承担对员工、消费者、社区和环境的责任。企业的社会责任要求企业必须超越把利润作为唯一目标的传统理念，强调要在发展过程中对人的价值的关注，强调对消费者、对环境、对社会的贡献。工程担保机构的社会责任主要通过企业是否履行节能减排、保护环境、资源保护责任等活动来考察。

13 建设单位信用评价

13.1 一般规定

本标准说明的，依法向建设单位（业主）提供咨询、设计、施工、安装、供货、监理、检测检验等服务的企业是一般的建筑市场主体。建设单位则是与一般建筑市场主体具有显著区别、不可或缺的建筑市场主体。建设单位以提供资金，接受其他建筑市场主体服务为目的，其他建筑市场主体则以技术、管理、服务能力等为手段，提供相关服务，获取相关报酬。作为接受服务的一方是否必须具备较强的技术能力，是建设单位与其他建筑市场主体最显著的区别。为了比较充分体现信用评价的价值和作用，根据社会或其他建筑市场主体对建设单位关注点的不同，对建设单位的评价指标和权重进行相应调整。

13.5 信用记录指标

13.5.1 客户评价记录指标包括客户综合评价一项三级指标。不同用户对评价对象进行评价时，计算评价总分与评价次数的算术平均值，算术平均值作为客户综合评价得分。

13.5.2 建设主管部门处罚记录指标包括违反建设程序不良行为记录、招标发包方面不良行为记录、质量安全方面不良行为记录、拖欠工程款方面的不良行为记录四项三级指标。企业各类不良记录，以近三年情况为考评依据。

13.5.3 其他信用记录指标包括金融机构提出的不良信用记录（信贷、担保、抵押、保险等），诉讼或仲裁的败诉记录，纪委、监察部门提出的不良记录，检察、公安部门的处罚记录，工商行政主管部门提出的不良记录，审计部门提出的不良记录，税务部门提出的不良记录七项三级指标。

13.6 履行社会责任和义务情况指标

13.6.1 国内外公益活动指标包括参与救灾、物资捐赠、慈善公益宣传等活动一项三级指标。

13.6.2 企业社会责任记录指标包括企业履行节能减排、保护环境、资源保护责任等三级指标。